Karl Groos

Ästhetisch und schön

Karl Groos
Ästhetisch und schön
ISBN/EAN: 9783743345195
Hergestellt in Europa, USA, Kanada, Australien, Japan
Cover: Foto ©ninafisch / pixelio.de

Karl Groos

Ästhetisch und schön

Aesthetisch und schön.

Von
Karl Groos.

In meiner »Einleitung in die Aesthetik« habe ich unter Anderem die Ansicht aufgestellt, dass der Begriff des Schönen nicht den gleichen Umfang wie der des aesthetisch Wirksamen überhaupt habe, sondern nur eine genau zu umgrenzende Provinz — allerdings die wichtigste — in dem ungeheueren Gebiete des aesthetisch Wirksamen einnehme. Ich halte es für geboten, diese Ansicht hier noch einmal fester zusammenzufassen, schärfer herauszuheben, zum Theil auch tiefer zu begründen. Wer sich an den gewöhnlichen Sprachgebrauch hält, der wird wohl zunächst den Eindruck haben, das Wort »schön« solle alle aesthetisch geniessbaren Erscheinungen umfassen. Von diesem Eindruck hat sich auch thatsächlich die moderne Aesthetik bei dem Versuch, das Schöne zu definiren, bestimmen lassen. Bei näherer Betrachtung ergibt sich aber zweierlei: erstens lässt sich die Gleichung »aesthetisch = schön« nicht wirklich durchführen; es zeigt sich, dass man von ihr aus trotz dem besten Willen nicht überall bis zu der individuellen aesthetischen Erscheinung als solcher durchzudringen vermag. Und zweitens versagt bei genauerer Prüfung sogar der gewöhnliche Sprachgebrauch, der doch gewiss dehnbar genug ist; denn jener erste Eindruck, als spanne sich die Bezeichnung »schön« in der gewöhnlichen Redeweise über alle aesthetischen Objecte aus, ist durchaus nicht richtig.

Ehe ich dies eingehender erörtere, ist es vor allem nothwendig, dass ich meinen aesthetischen Standpunkt in möglichster Kürze zur Darstellung bringe. — Die Grundfrage der philosophischen Aesthetik scheint mir nicht, wie Manche meinen, die Frage nach der aesthetischen Production, also nach der Entstehung des Kunstwerkes, zu sein, sondern die nach dem aesthetischen Genuss, d. h. die psychologische Frage: was geht in unserem Bewusstsein vor, solange wir aesthetisch geniessen? Hierauf antwortet die moderne Aesthetik in ihren berufensten Vertretern etwa Folgendes: was dabei unser Bewusstsein ausfüllt, ist der »aesthetische Schein«, oder das »innere Bild«, das die Apperception von dem äusserlich Gegebenen (von dem Naturobject oder von dem Kunstwerk) ablöst. Dieses innere Bild, das uns sonst nur dazu dient, uns erkennend oder wollend auf die ihm entsprechende objective Realität zu beziehen, wird hier rein um seiner selbst willen, als Bild angeschaut und genossen.

Hier stehe ich gleich vor einem entscheidenden Punkte. Man denkt bei dem Ausdruck »inneres Bild« leicht an etwas Vollendetes, Fertiges, was dem Bewusstsein gegeben ist. Man wird zwar erkennen und gelegentlich auch betonen, dass der Gegenstand der aesthetischen Anschauung nicht einfach gestiefelt und gespornt in das Bewusstsein hereinspazirt, sondern erst durch unsere eigene innere Thätigkeit hervorgebracht wird. Aber der Ausdruck »Bild«, der den Bewusstseinsinhalt eben doch als etwas in Ruhe Gerathenes, zum Abschluss Gekommenes erscheinen lässt, wird leicht dazu verleiten, dass man jener inneren Thätigkeit gerade da, wo es darauf ankommt, zu wenig Beachtung schenkt. In Folge dessen wird man, wenn man von hier aus weiter fragt, wo denn eigentlich der Grund des aesthetischen Genusses, also des mit der aesthetischen Anschauung verknüpften Lustgefühls liegt, gar nicht daran denken, dass dieser Lust vielleicht schon aus der Thätigkeit des Anschauens eine starke Quelle zuströmt; man wird vielmehr keine andere Möglichkeit sehen als die, den Grund der Lust in besonderen Eigenschaften zu suchen, die der Gegenstand nothwendig besitzen muss, wenn sein Anblick uns einen aesthetischen Genuss bereiten soll. In solchen äusseren Ursachen des Lustgefühls aber — sei es, dass man das sinnlich Angenehme, das Zweckmässige, das Organische, das Erscheinen der abstracten Gattungs-, der concreten Individualidee oder was sonst an dem Object verlangt, wird man dann zugleich die Schönheit des Angeschauten begründet sehen und so zu dem Schlusse kommen: der Grund jedes aesthetischen Genusses liegt in der Schönheit der Objecte, und die (scheinbar) auch von dem gewöhnlichen Sprachgebrauch bestätigte Gleichung »aesthetisch = schön« hat daher ihre volle Berechtigung.

Nach meiner Meinung besteht dagegen der aesthetische Genuss nicht in einem Zustand, der das innere Bild als etwas Fertiges vorfindet, sondern in einer Thätigkeit, die das

innere Bild erzeugt. Er besteht in dem activen inneren
»Nachbilden« oder (da das Wort »Bild« nicht für jede Art des
aesthetischen Geniessens passt) besser in dem inneren Nachahmen des äusserlich Gegebenen. Um aesthetisch zu geniessen,
müssen wir in jeden Wechsel der Linien und Flächen, der
Licht- und Farbenunterschiede, der Körper- und Tonbewegungen,
der Rede und der Handlung mit unserer ganzen Seele nach-
bildend, nachzeichnend, nachconstruirend, nachfühlend — mit
einem Worte nachahmend eingehen. Und zwar ist das
innere Nachahmen dann aesthetisch, wenn es als eine rein
um ihrer selbst willen, ohne äusseres »Interesse« übernommene
Thätigkeit auftritt, d. h. wenn es den Charakter des Spieles
hat. Die um ihrer selbst willen ausgeübte innere
Nachahmung ist das edelste Spiel, welches der
Mensch kennt. Auch im gewöhnlichen Leben, im ausseraesthetischen Zustand beruht jede Apperception äusserer Objecte
im Grund auf der inneren Nachahmung. Aber hier ist das
innere Nachahmen nur ein dienendes Mittel und wird sehr
unvollkommen, meist nur andeutungsweise, in abgekürzter Form
vollzogen, da wir durch den wiederholten Anblick ähnlicher
Objecte schon eine unendlich grosse Uebung besitzen und
deshalb Erscheinungen, die nicht durchaus neu und eigenartig
sind, fast simultan, »auf den ersten Blick« erkennen; sowie
dann die Erscheinung erkannt ist, verlässt der im ausseraesthetischen Zustand Befindliche die kaum erst begonnene
innere Nachahmung, um sich mit den realen Interessen zu beschäftigen, die der Gegenstand in ihm erweckt. Auch die
aesthetische Betrachtung kann, besonders beim Kenner, bis zu
einem gewissen Grade ein solches »abgekürztes Verfahren« sein,
allerdings nur beim Anblick des ruhenden Sichtbaren: die
aesthetischen Gefühle liegen dann durch die grosse
Uebung schon so bereit, wie bei dem geübten Botaniker die
Begriffe bereit liegen, wenn er eine Pflanze vor sich sieht.
Wer aber sein Inneres mit der ganzen Seligkeit des aesthetischen
Schauens füllen will, der darf sich nicht mit einem solchen
abgekürzten und abgeschwächten Genusse begnügen; er muss
vielmehr mit voller Seele in das Spiel der inneren Nachahmung
eintreten und freiwillig in diesem Spiele verweilen, bis er völlig
Eins ist mit dem angeschauten Gegenstande. Ich habe dies so

zu veranschaulichen gesucht: im ausseraesthetischen Zustand durcheilt man die Momente der inneren Nachahmung, wie ein Schwimmender, der mit ganzer Seele an das andere Ufer strebt, einen Strom durchschneidet. Der aesthetisch Geniessende schwimmt in demselben Strom; aber er will ihn nicht bloss durchqueren, sondern er lässt sich spielend darin herumtreiben und denkt an nichts als an das schmeichelnde Umfangensein von dem erfrischenden Element. Wenn so die Thätigkeit des aesthetischen Anschauens das feinste und edelste Spiel ist, welches der Mensch kennt, so zeigt sich hier eine Quelle der Lust, die nicht erst den besonderen Eigenschaften der äusseren Objecte entspringt, sondern schon die Thätigkeit des Anschauens als solche begleitet. Und das ist wichtig. — Die Thatsache, dass der aesthetische Genuss ein inneres Nachahmen ist, findet sich dem Sinne nach in sehr vielen aesthetischen Werken ausgesprochen, wohl am deutlichsten bei Lotze, den beiden Vischer sowie neuerdings bei Alfred Biese in seiner hübschen Abhandlung »Das Associationsprincip und der Anthropomorphismus in der Aesthetik« (Kiel, 1890). Aber diese Thatsache ist bisher noch nicht in systematischer Weise zum eigentlichen Mittelpunkt der Theorie gemacht worden, und ich finde, dass das für die Beurtheilung zahlreicher Probleme von entscheidender Bedeutung ist, so nicht zum mindesten für die Beurtheilung jener Gleichung »aesthetisch = schön«.

Da ich nämlich — wie bereits gesagt — annehme, dass das Spiel der inneren Nachahmung schon an sich und als solches eine Quelle, ja die eigentliche Hauptquelle des aesthetischen Lustgefühls bildet, so ist es von hier aus nur noch ein Schritt zu der Erkenntniss, dass man es nicht nöthig hat, den Objecten positive Bestimmungen vorzuschreiben, aus denen sich dann erst das Lustgefühl erklären würde. Man wird sich vielmehr damit begnügen dürfen, ihre Anzahl nur durch die eine negative Bestimmung einzuschränken, dass sie nicht durch vorwiegende Erregung irgendwelcher ausseraesthetischer Interessen das Spiel der inneren Nachahmung unmöglich machen. Dadurch wird aber das Gebiet möglicher aesthetischer Wirkungen sehr viel grösser werden, als die Theoretiker sonst consequenter Weise zugeben können.

Dies bestätigt sich vielleicht am deutlichsten bei dem aesthetischen Genuss der Naturerscheinungen. Man hat mir vorgehalten, meine beschränkende Definition des Schönen sei durch den Einfluss der extremen Kunstrichtungen unserer Zeit veranlasst worden. Ich will mich daher in dem ersten und grösseren Theil dieses Aufsatzes mit dem Naturgenuss beschäftigen und auf die Kunst erst dann eingehen, wenn sich meine Theorie an der Natur erprobt hat. Ich halte das auch aus anderen Gründen für vortheilhaft. Denn in der Betrachtung der Naturobjecte liegt offenbar das Urphänomen des aesthetischen Geniessens — der beste Beweis dafür ist die Mythologie. Es lässt sich nichts Verkehrteres denken als der Standpunkt Hegels, der den »eigentlichen Gegenstand« der Aesthetik nur im Kunstschönen sieht. Denn so sehr die Kunst in der Tiefe ihrer Wirkungen die Natur übertreffen und in der freien Ausbildung ihrer Mittel über sie hinausgehen mag, das Ursprünglichere, Einfachere, leichter zu Analysirende ist doch immer der Genuss der Natur. Gerade hier zeigt sich aber der ungeheure Reichthum der möglichen aesthetischen Wirkungen. Man gehe doch die Naturerscheinungen durch von der Welt des Unorganischen bis hinauf zu dem Menschen. Kann man da irgendwo sagen: nur dasjenige Object, welches bestimmte positive Eigenschaften besitzt, welches z. B., wie so viele Theoretiker annehmen, ein möglichst typischer Vertreter seiner Gattung ist, kann aesthetisch wirken, die andern Objecte aber, welche diese positiven Eigenschaften nicht haben, sind für die aesthetische Anschauung überhaupt nicht vorhanden? Nein! jeder Künstler und jeder Freund aesthetischer Betrachtung wird es bei genauer Selbstprüfung bestätigen müssen, dass hier bloss die negative Bestimmung gilt: nur dann ist ein Naturobject von jeder aesthetischen Wirkung ausgeschlossen, wenn es mit unwiderstehlicher Macht unsere ausseraesthetischen Interessen in Anspruch nimmt und dadurch das ideale Spiel der inneren Nachahmung unmöglich macht. Allerdings, eine solche Verhinderung wird sehr häufig eintreten können. Ist der Gegenstand z. B. so beschaffen, dass er uns mit Furcht erfüllt, dass er uns Grauen, Ekel, Abscheu, Zorn oder sittliche Entrüstung erregt, so kann er noch so viele formal gefällige Momente besitzen — das Spiel der inneren Nachahmung und damit der aesthetische Genuss ist unmöglich.

Der fliehende Hektor kann die furchtbare Schönheit des verfolgenden Achill nicht aesthetisch geniessen, der, den beim Anblick einer Schlange physischer Ekel ergreift, empfindet nichts von den gefälligen Linien ihres Körpers, und wer von einem falschen Freunde geprellt wird, dem ist das Komische, das die Situation vielleicht an sich hat, in den meisten Fällen mit sieben Siegeln verschlossen. Genau so verhält es sich überall, wo sinnliche Gefühle geweckt werden, wo moralische Tendenzen in den Vordergrund treten, wo das Object unseren Erkenntnissdrang erregt, wo unser thatsächliches Eingreifen erwartet wird u. s. w. In solchen und ähnlichen Fällen kommt das Spiel der inneren Nachahmung nicht zu Stande, weil unsere realen Interessen zu stark in Anspruch genommen werden, als dass wir Zeit und Neigung hätten, uns sorglos jenem Spiele hinzugeben. Ferner kann der sinnliche Eindruck zu schwach sein, um unsere Aufmerksamkeit zu fesseln, oder er kann umgekehrt so intensiv auftreten oder sinnlich so unangenehm wirken, dass wir unser Auge schliessen und unser Ohr zuhalten. Und endlich kann der aesthetische Genuss auch darum ausbleiben, weil der Gegenstand unser Interesse zu wenig erregt, weil er uns zu bedeutungslos erscheint, oder uns wegen unserer langen Bekanntschaft mit ihm zu vertraut ist, als dass wir uns die Mühe machen würden, uns nachahmend in ihn zu versenken.

Man könnte denken, dass so die Anzahl aesthetisch wirksamer Objecte immerhin sehr erheblich eingeschränkt werde. Aber man beachte wohl, dass mit Ausnahme der zu schwachen oder zu starken oder zu unangenehmen Sinneseindrücke alle diese negativen Momente rein s u b j e c t i v e r Natur sind und daher den Anblick des Objects nicht nothwendig begleiten. Wo der Eine auf dem sturmgepeitschten Schiffe verzagend an sein bedrohtes Leben denkt, strömt die kühnere Seele eines Anderen nachahmend in den Aufruhr der Elemente hinüber und erhebt sich mit dem Erhabenen. Wo der Eine sich mit Abscheu von der sittlichen Verworfenheit abwendet, lebt sich ein Anderer mit aesthetischem Genuss in die Nachtseiten der Menschennatur ein; die Schlange, deren Anblick Manchen — oder doch Manche — einer Ohnmacht nahe bringt, ist für den Naturfreund ein Object aesthetischer Bewunderung; wer einen guten Humor besitzt, der kann selbst da, wo er selbst »hereingefallen« ist, die Komik der Situation aesthetisch geniessen; auch der eifrigste Botaniker kann einmal seinen Erkenntnissdrang bei Seite lassen und eine Blume um ihrer Form und Farbe willen betrachten; und vollends die Bedeutungslosigkeit oder Langweiligkeit eines Gegenstandes ist etwas völlig Relatives; vor allem der Künstler wird uns belehren, dass es nichts, gar nichts in der Natur gibt, was nicht für den aesthetisch geschulten Geist von Interesse sein kann, dass nur die Oberflächlichkeit sich langweilt und der Tieferblickende in jedem Sandkorn und jedem Grashalm eine Welt von Wundern entdeckt. Die Grenze des aesthetisch Geniessbaren in der Natur ist also im letzten Grunde vom Subject gezogen und von den individuellen Eigenthümlichkeiten des Subjects abhängig. Trotzdem wird man selbstverständlich gewisse Normen aufstellen können, gewisse allgemeine Grenzen, sodass man sagen kann: in diesem Fall hört für den gesund angelegten Durchschnittsmenschen die Möglichkeit des Genusses auf, weil eben Furcht, Zorn, das Streben nach Hilfeleistung oder irgend ein anderes ausseraesthetisches Interesse oder Gefühl hier jede normale Menschenseele beherrschen und über dem Ernst der Realität ein ideales Spielen mit dem Gegenstand nicht aufkommen lassen wird. Doch ist es immerhin beachtenswerth und ein Zeichen für den subjectiven Charakter jener Grenzen, wenn in vielen Fällen solche Normen nur für das betreffende Zeitalter gelten; so haben wir jetzt für die rührseligen Freundschaften des vorigen Jahrhunderts, wo sie sich poetisch äussern, kein Verständniss mehr, es klingt nichts mehr in uns mit, wir sträuben uns gegen die innere Nachahmung; und so würden wir jetzt manche Fopperei nicht mehr aesthetisch geniessen, die der mittelalterliche Zuschauer voll heiteren Behagens innerlich miterlebte.

Ich behaupte also: jedes Object, das mir es nur überhaupt erlaubt, mit dem Spiel der inneren Nachahmung zu beginnen, kann ohne weiteres einen aesthetischen Eindruck auf mich machen. Wenn die Theoretiker in ihren Systemen von den Naturobjecten reden, so nennen sie den betreffenden Abschnitt meistens das Kapitel von dem »Naturschönen« und zählen dann in der That alle möglichen Einzeldinge, Formen, Farben, Töne, Verhältnisse auf, die auch ich unbedenklich als schön bezeichnen würde, weil sie sinnlich angenehm sind. Aber wie verhält es sich dann mit den andern Naturerscheinungen, die nicht schöngefärbt, wohlgeformt, gefällig proportionirt u. s. w. sind? Sind diese einfach von dem aesthetischen Genuss auszuschliessen? Giebt es da nicht ein ungeheures Gebiet von Erscheinungen, die — wenn auch nicht geradezu hässlich — so doch offenbar nicht-schön sind, und in die man trotzdem seine Seele nachahmend zu versenken vermag? Der kümmerliche Weidenstrunk, der im rieselnden Regen dasteht und den Missmuth der ganzen Natur zu verkörpern scheint, kann er nicht aesthetisch betrachtet werden? — Halt! entgegnet man hierauf. Keine Unterschiebungen! Was einen solchen Weidenstrunk aesthetisch macht, das ist nicht seine reale Erscheinung, sondern das sind die Gefühle und geistigen Beziehungen, die Du »leihend« in ihn verlegst! — Ganz richtig; aber eben dieses »Leihen« unserer eigenen Gefühle und Vorstellungen, dieses Einleben und Hinüberströmen unserer Seele in das fremde Object, das ist ja gerade inneres Nachahmen, das ist aesthetisches Anschauen, und dieses Einleben ist bei denjenigen Gegenständen, welche wir im wahren Sinne als schön bezeichnen, genau ebenso wesentlich wie bei den nicht-schönen Objecten. »Betrachten wir einzelne Gruppen der Thierwelt«, sagt Carriere (Aesthetik 3. Aufl., I 340), so ist unter den Dickhäutern das Nilpferd plump und amphibialisch roh, das Nashorn mit dem Hautpanzer etwas minder schwerfällig, der Elephant eine anziehende Mischung von gewaltiger Massenhaftigkeit und sanfter, sinniger Klugheit; von den Schweinen zeigt der wilde Eber eine immer noch rohe, aber durch Energie und Gedrungenheit bedeutsame Kraft«. Es ist mir kein Zweifel, dass Carriere diese Thiere — zum mindesten den Eber — als Objecte einer aesthetischen Betrachtungsweise anführt. Und doch sagt er an anderer Stelle: »Die Empfindung des Schönen wird aber erfahrungsgemäss nur durch solche Erscheinungen in uns erweckt, welche der Ausdruck einer Idee sind und diese in sinnlich wohlgefälliger Weise darstellen« (I 17). Und der Eber? Ebenso I, S. 74: »Das eigentlich Aesthetische, das, wodurch das Schöne vom Guten und Wahren sich eigenthümlich abhebt, sind die Formenverhältnisse und unser Wohlgefallen an ihnen«. Zersprengt hier nicht in der That die Fülle der aesthetischen Objecte den bloss auf die Schönheit zugeschnittenen Begriff? Ich will aber die Frage noch schärfer zuspitzen und nun nicht mehr von dem bloss Nicht-schönen reden, sondern geradezu von dem Hässlichen. Wie verhält es sich mit diesem? Ist das Hässliche eine jener negativen Bestimmungen, durch die das Spiel der inneren Nachahmung unmöglich gemacht wird, wie durch das sittlich Empörende, sinnlich Erregende u. s. w.? Ich vermag das nicht zuzugeben. Solange ich sittlich entrüstet bin, kann ich nicht zu gleicher Zeit aesthetisch geniessen; wohl aber kann ich mich in einen Gegenstand mit aesthetischem Genuss versenken und dennoch gleichzeitig das Bewusstsein haben, dass dieser Gegenstand hässlich ist. Das Hässliche scheint mir daher nicht ohne weiteres von aller selbständigen aesthetischen Bedeutung ausgeschlossen werden zu müssen: so wenig alles Aesthetische schön zu sein braucht, so wenig braucht alles Hässliche unaesthetisch zu sein. Nun bringt ja allerdings das hässliche Naturobject durch den sinnlich unangenehmen Eindruck, den es auf uns macht, immer ein Moment der Unlust mit sich, und es ist keine Frage, dass dieses Moment der Unlust irgendwie überwunden werden muss, wenn durch die Anschauung des hässlichen Gegenstandes ein Genuss entstehen soll. Wodurch aber wird es überwunden werden können? Hier stehe ich wieder an einem Punkte, der geeignet ist, die Vorzüge meiner Ansicht zu erweisen. Die bisher aufgestellten Theorien lassen, wie ich schon sagte, gerade da, wo es darauf ankommt, die auch ihnen bekannte Thatsache ausser Acht, dass die aesthetische Anschauung eine Thätigkeit, ein inneres Nachahmen ist. Das zeigt sich auch hier; indem sie nämlich nach der Lustquelle suchen, die das Unlustmoment des Hässlichen überwinden soll, denken sie nicht daran, dass eine solche Lustquelle in erster Linie doch schon in jener Thätigkeit liegt, die ich als das Spiel der inneren Nachahmung bezeichnet habe, und so erklärt es sich, dass sie das Gegengewicht gegen die Unlust des Hässlichen auch wieder äusserlich, in dem objectiv Gegebenen suchen und so zu der Behauptung kommen, das Hässliche wirke nur da aesthetisch, wo es durch ein Schönes überwunden sei. Wie diese Behauptung auch näher ausgeführt wird, immer liegt ihr der Gedanke zu

Grunde, dass das Hässliche nur dann aesthetisch erlaubt sei, wenn der endgiltige Eindruck des betrachteten Objectes ein überwiegend schöner ist.

Was ist aber hiervon wahr? Es giebt ja freilich Beispiele genug, wo das Hässliche von der Schönheit überwunden, gleichsam von dem Sonnenglanz des Schönen verklärt, in den Genuss eingeht. So ist es, wenn uns der Formenadel eines Gebäudes die unschöne, fleckig gewordene Färbung vergessen lässt, wie etwa bei der Basilica des Palladio zu Vicenza, oder umgekehrt, wenn wir bei einem jugendlichen Mädchenantlitz über der schönen Farbe die formale Hässlichkeit der Nase nicht bemerken u. s. w. Aber damit ist die aesthetische Bedeutung des Hässlichen doch gewiss nicht erschöpft, es gibt doch sicherlich sehr viele hässliche Erscheinungen, die auch ohne die Hilfe hinzukommender schöner Züge wirkungsvoll bleiben! Freilich derjenige, welcher seinen aesthetischen Blick nicht geübt hat oder überhaupt wenig aesthetisch veranlagt ist, wird sich im Ganzen nur an solchen Erscheinungen vergnügen können, die einen sinnlich angenehmen Eindruck machen, also in Wahrheit schön zu nennen sind. Aber der feinere, der geübtere Blick wird sich hierauf nicht beschränken, er wird auch beim Nichtschönen, ja beim Hässlichen selbständige Genüsse finden können. Ist nicht an einem Sommermorgen das Durcheinanderzwitschern von vielen hundert Vögeln bei Licht betrachtet ein recht hässliches Geräusch, und kann man es nicht dennoch geniessen, weil man sich nachahmend einlebt in die fröhliche Stimmung der kleinen Sänger? Ist nicht der Kopf einer Bulldogge ein unerhört hässliches Object, und kann man sich nicht dennoch mit aesthetischem Genuss in den Anblick dieser gerunzelten Stirn, dieser Glotzaugen, dieser Stülpnase, dieser drohenden Eckzähne und dieses mächtigen Nackens versenken? Es fällt mir ja nicht ein, zu leugnen, dass der herrliche Kopf eines Bernhardiners eine viel höhere aesthetische Wirkung besitzt; aber damit ist doch noch lange nicht gesagt, dass nun die Bulldogge eine solche Wirkung überhaupt nicht hervorbringen könne. — Oder man fährt etwa im Zuge und sieht sich die Reisegesellschaft an. Wenn dabei das Auge auf ein wirklich schönes Gesicht fällt, so wird man das natürlich zuerst bewundern. Ist aber — und das ist ja wohl leider die Regel — keiner der

Anwesenden schön zu nennen, so ist für den aesthetisch Veranlagten der Genuss darum noch lange nicht ausgeschlossen. Jedes Gesicht, auch das nicht-schöne, auch das hässliche wird ihm ein willkommenes Object für das Spiel der inneren Nachahmung sein. Ihm sitzt vielleicht ein hässlicher alter Bauer gegenüber. Diese niedere, eckige Stirn unter dem schweissgetränkten Hute, diese tausend Falten um die Augen herum, wie sie nur bei solchen entstehen, die viel im blendenden Sonnenlichte arbeiten, diese kleinen, verschmitzten, boshaft blinzelnden Augen selbst, die plumpe Nase, der scharf geschnittene, breite, von grauen Bartstoppeln umgebene Mund, aus dessen einem Winkel die qualmende Pfeife herabhängt, der abgenützte Rock, die klobigen, zerarbeiteten, wie ein Ackerfeld durchfurchten Hände, mit den vortretenden Gelenken, der hornigen Haut und den schmutzigen Nägeln — gibt das alles nicht doch ein aesthetisch wirksames Ganzes, und würde es den Betrachter, wenn er ein Künstler wäre, nicht gelüsten, den Kerl in seiner ganzen Hässlichkeit seinem Skizzenbuche einzuverleiben? — Wer ohne falsche Voraussetzungen an diese Frage herantritt, der wird es zugestehen müssen: wenn man von ganz extremen Fällen (ekelhafte Krankheit, Verstümmelung u. dgl.) absieht, so gibt es eigentlich überhaupt gar kein menschliches Antlitz, in das man sich nicht rein um des Anschauens willen, ohne sonstige, reale Interessen, vertiefen könnte, und was ist das Anderes als aesthetisches Anschauen?

Ich komme also zu dem Resultat, dass auch die hässliche Naturerscheinung selbständig in den aesthetischen Genuss eingehen kann. Sie bringt zwar ein Moment der Unlust mit sich; aber soweit diese Unlust getragen wird von der Lust an der inneren Nachahmung, soweit kann das hässliche Object um seiner selbst willen genossen werden, ohne Beihilfe des Schönen. Da nun das Gegengewicht der Lust an der inneren Nachahmung um so stärker sein wird, je mehr der Gegenstand unser Interesse erregt oder je mehr er unser Gefühlsleben in Bewegung setzt, so kann natürlich das Hässliche am stärksten bei der menschlichen Individualität hervortreten. Und zwar sind es hauptsächlich zwei Charakterrichtungen, in denen die aesthetische Bedeutsamkeit des Hässlichen in besonders hervorragender Weise zur Erscheinung kommt. Die erste Art ist durch die bösen Charaktere vertreten; die fessellose, zerstörende Leidenschaft, die der Aussenwelt feindlich entgegentritt, findet den ihr unmittelbar angemessenen Ausdruck im Hässlichen. Das sinnlich Angenehme, auf dem die Schönheit beruht, hat ganz naturgemäss etwas Freundliches, Einschmeichelndes, Entgegenkommendes; das Hässliche dagegen macht einen sinnlich unangenehmen Eindruck, es ist das conträre Gegentheil alles Anschmiegenden und Freundlichen und wird dadurch für das naive Bewusstsein zu dem adaequaten Träger des Bösen, Feindseligen. — Die zweite (von der Aesthetik wenig beachtete) Charakterrichtung ist durch solche Individuen vertreten, die geneigt sind, ihr Empfindungsleben möglichst von der Aussenwelt abzuschliessen, durch Charaktere, deren Schwerpunkt in der **verborgenen Innerlichkeit des Gemüthes** liegt. Das sinnlich Unangenehme schmiegt sich uns nicht freundlich und fügsam an wie das Angenehme und macht dadurch den Eindruck einer Persönlichkeit, die sich den freundlichen Beziehungen des sinnlichen Daseins gegenüber **negirend** verhält. Dieser Eindruck bietet nun allerdings ein Mittel zur äusseren Erscheinung des Bösen; er kann aber auch geradesogut zur adaequaten Erscheinung solcher Charaktere dienen, die sich von der naiven Freude an der sinnlichen Existenz **bloss abwenden**, weil ihnen die äusserlich-sinnliche Existenz nicht genügt, weil sie ein inneres Leben besitzen, das sie als inneres festhalten wollen. Es werden Jedem in der Wirklichkeit schon Gesichter begegnet sein, bei denen das Hässliche diesen Eindruck der in sich verschlossenen Gemüthstiefe besonders deutlich hervortreten liess. Wenn ich hier auf die Kunst übergreifen darf, so ist vor allem die Darstellung Christi in der Malerei zu erwähnen. Dem schönen Christustypus steht der hässliche vielleicht ebenbürtig gegenüber. Der Geist, dessen Reich nicht von dieser Welt ist, passt eben nicht recht in den weltlichen Formen- und Farbenjubel einer vollkommen schönen Gestalt. Auch die Mutterliebe kann, wie ich in meiner »Einleitung in die Aesthetik« hervorgehoben habe, durch das Hässliche zu einem eigenthümlichen Ausdruck kommen, den das Schöne nicht zu ersetzen vermag. Die schöne Mutter und das schöne Kind scheinen ihr Glück der Welt triumphirend mitzutheilen. Die hässliche Erscheinung gibt demselben Glücksgefühl den tief innerlichen Charakter, den

Hegel so ausgedrückt hat: das Innere ist gleichgültig gegen die Gestaltungsweise der unmittelbaren Welt, »da die Unmittelbarkeit unwürdig ist der Seligkeit der Seele in sich«. »Quand je ferai une mère«, sagt Millet, dessen Gestalten ganz besonders geeignet'sind, diese eigenthümliche aus dem Hässlichen sprechende Stimmung zu erzeugen, »je tâcherai de la faire belle de son seul regard sur son enfant«. Theodor Alt bestreitet in einer später noch zu erwähnenden Schrift diesen Unterschied zwischen der schönen und hässlichen Mutter. Er gibt zwar zu, dass die »ärmliche und unschöne Erscheinung«, wie man sie bei Millet und Uhde findet, das Wesen der Sache deutlich zum Ausdruck bringt, meint aber, dies geschehe z. B. durch Rafaels Madonna della Sedia in gleicher Weise trotz ihrer wunderbaren äusseren Schönheit. Ich glaube jedoch, man wird den fundamentalen Unterschied in der aesthetischen Wirkung der schönen und hässlichen Mutter gerade an diesem Beispiel gut erkennen. Denn bei Rafaels Madonna, die in ihrem Glück den Beschauer fast schelmisch ansieht, ist nichts von jener scheuen, zurückhaltenden in sich verschlossenen Innerlichkeit, von der ich sprach, sondern sie scheint in der That »ihr Glück der Welt triumphirend mitzutheilen«.

Es ist nicht uninteressant, zu sehen, wie sich manche Aesthetiker zu dem Begriff des Hässlichen verhalten. Einige scheinen es selbst gefühlt zu haben, dass die Behauptung, nur das vom Schönen überwundene Hässliche wirke aesthetisch, doch den Thatsachen gegenüber auf Schwierigkeiten stösst. So setzt Karl Rosenkranz an Stelle des Schönen überhaupt eine besondere aesthetische »Modification«, die es allerdings sehr viel mit dem Hässlichen zu thun hat (aber in Wahrheit auch gar nicht unter den Begriff des Schönen fällt), nämlich das Komische. »Das einfach Schöne«, sagt er in seiner »Aesthetik des Hässlichen« S. 8, »verhält sich gegen das Hässliche schlechthin negativ, denn es ist nur schön, soweit es nicht hässlich ist, und das Hässliche ist hässlich nur, soweit es nicht schön ist. Nicht als wenn das Schöne, um schön zu sein, des Hässlichen bedürftig wäre. Es ist schön auch ohne seine Folie, aber das Hässliche ist die Gefahr, die ihm an ihm selber drohet, der Widerspruch, den es durch sein Wesen an sich selber hat«. »Dieser innere Zusammenhang des Schönen mit dem Hässlichen als seiner Selbstvernichtung begründet daher auch die Möglichkeit, dass das Hässliche sich wieder aufhebt, dass es, indem es als das Negativschöne existirt, seinen Widerspruch gegen das Schöne wieder auflöst und in die Einheit mit ihm zurückgeht. Das Schöne wird in diesem Process als die Macht offenbar, welche die Empörung des Hässlichen seiner Herrschaft wieder unterwirft. In dieser Versöhnung entsteht eine unendliche Heiterkeit, die uns zum Lächeln, zum Lachen erregt. Das Hässliche befreit sich in dieser Bewegung von seiner hybriden, selbstischen Natur. Es gesteht seine Ohnmacht ein und wird komisch« (S. 7). Ich will hier nicht davon reden, dass das Hässliche doch darum noch nicht schön wird, weil es uns in seiner Ohnmacht komisch berührt; denn von der Stellung des Komischen in der Aesthetik habe ich weiter unten noch ausführlicher zu sprechen. Aber auch Folgendes ist doch schon von Interesse: Rosenkranz, der sich eingehender als Andere mit dem Hässlichen beschäftigt hat, fühlt offenbar, dass von dem Begriff des eigentlich Schönen aus dem Hässlichen zu wenig Spielraum gelassen würde. In seinem »System der Wissenschaft« (Erläuterung zu dem § 825) theilt er mit, er habe lange Zeit hindurch Material für eine Aesthetik der Caricatur gesammelt, und fügt hinzu: »in solcher Beschäftigung **habe ich den ungeheuren Umfang des Hässlichen in der Kunst mit staunendem Blick einigermassen übersehen lernen**«. So betont er in einseitiger Weise die Ueberwindung des Hässlichen durch das Komische, wo es ja in Wahrheit ungeschmälert oder sogar gesteigert weiterbesteht, ohne freilich zu erkennen, dass es darum noch lange nicht schön wird, dass es im Erhabenen und Rührenden gleichfalls eine uneingeschränkte Wirkung besitzt und schliesslich auch vollständig, um seines eigenen Stimmungscharakters willen aesthetisch betrachtet werden kann.

Ein völlig anderer aber ebenfalls sehr instructiver Gedankengang findet sich in der Aesthetik Schaslers. Schasler macht nämlich einen principiellen und tiefeinschneidenden Unterschied zwischen dem »Naturschönen« und dem »Kunstschönen«, einen Unterschied, der nicht nur etwa die thatsächlichen Differenzen beider Begriffe hervorhebt, sondern demzufolge das Kunstschöne zum Theil, ja eigentlich in seinen wichtigsten Erscheinungen geradezu das Naturhässliche zum Gegenstand hat. Schasler fasst das Kunstwerk mit Aristoteles als das gereinigte Bild der Wirklichkeit. »Zu solcher Wirklichkeit gehört aber nicht bloss die Aussenwelt im Sinne der Naturerscheinung, sondern auch die Welt des Geistes in der Mannigfaltigkeit ihrer Erscheinungsformen; und da in letzter Hinsicht das Charakteristische sich gerade in der prägnanten Besonderheit der Erscheinung offenbart, so ist es im Grunde vielmehr das Naturhässliche als das Naturschöne, worin sich der Charakter der Erscheinung offenbart«. »Eine alte Zigeunerin oder ein zerlumpter Ziegenhirt sind, vom Gesichtspunkte des Naturideals, das nur den Menschen in ihnen berücksichtigt, ohne Zweifel hässliche Erscheinungen, während sie, als einer berechtigten Wirklichkeitssphäre angehörig, vom Gesichtspunkt des Kunstideals sehr schön erscheinen, sobald ihre Erscheinung nur das, was diese ihre Sphäre charakterisirt, unentstellt und voll zur Anschauung bringt« (II 53). Schasler ist getadelt worden, weil er so dem Naturhässlichen eine ungeheuer wichtige Rolle in der Kunst einräumt, und doch, finde ich, hat er eben darin und nur darin bis zu einem gewissen Grade Recht (freilich nur bis zu einem gewissen Grade; denn er übersieht vor Allem, dass seine Bestimmung für die Architektur und Musik überhaupt nicht in Betracht kommt). Dagegen ist es erstens ein Fehler, dass er das so vom Künstler wiedergegebene Naturhässliche als ein Kunstschönes bezeichnet — aesthetisch wirksam ist es, aber nicht schön. Und er macht zweitens den weiteren Fehler, dass er glaubt, solche Gegenstände könnten in der natürlichen Wirklichkeit nicht genossen werden. In der Kunst gibt er die Wirkung des Hässlichen rückhaltlos zu, in der Natur nicht. Dies kommt, wie ich glaube, daher, dass in der Kunst der gewöhnliche Sprachgebrauch des Wortes »schön« auch auf die Vortrefflichkeit der Darstellung ausgedehnt wird. Man kann sagen, ein Bild sei »schön« dargestellt, obwohl das, was es darstellt, hässlich ist, und so bietet sich hier — freilich durch eine unbewusste Erschleichung — die Möglichkeit dar, auch das Hässliche schön zu nennen. (Ich werde hiervon noch ausführlicher reden.) Ganz anders zeigt sich die Sachlage der Natur gegenüber. Hier kann man Niemand wegen der wohlgelungenen Wiedergabe loben;

das Hässliche, mag es auch noch so charakteristisch sein, bleibt hässlich, und wer es aesthetisch betrachtet, kann es trotzdem mit dem besten Willen nicht unter das Naturschöne rechnen. — Gerade darum zeigt sich hier mit verblüffender Deutlichkeit die Gefahr jener Gleichung »aesthetisch = schön«. Schasler geht mit vollem Bewusstsein auf einem Weg, der ihn, wenn er ihn consequent verfolgte, zu einer unbefangenen Würdigung der concreten Naturerscheinung, auch der nicht-schönen, auch der hässlichen führen müsste. Aber er bleibt auf halbem Wege stehen. Er bestimmt nämlich das Gebiet des Naturschönen in dem Abschnitt über das Ideal und die Wirklichkeit folgendermassen. Das Ideal ist die allem Wirklichen zu Grund liegende, aber stets unvollkommen realisirte Idee (I. 66; da nach S. 69 die unvollkommene Gestalt der Idee hässlich ist, müsste Schasler eigentlich alles Wirkliche hässlich nennen). Dieses Ideal ist aber nun der Wirklichkeit gegenüber nicht das abstracte Ideal der Natur überhaupt, sondern es tritt (I. 70) in ein System concreter Idealvorstellungen auseinander. Vom Ideal des Säugethiers kommt man z. B. zu dem des Pferdes, von diesem zur besonderen Rasse, vom Baum zum Nadelholz und von da zur Tanne. Hier aber, bei der Species bleibt Schasler stehen. Das Concretwerden der Idee wird nicht bis dahin weitergeführt, wo man doch erst vom Concreten sprechen kann, nämlich bis zum Individuum, sondern der Naturgegenstand ist nur soweit aesthetisch geniessbar (schön), als er einem solchen Typus conform ist. Warum lässt Schasler hier beim Naturschönen die Idee nicht wirklich concret werden, wie er es doch im Gegensatz zum abstracten, platonischen Idealismus beabsichtigt? Warum geht er nicht bis zu der einzelnen Erscheinung mit ihren individuellen Besonderheiten weiter, wie er es in der Kunst thut? Ich sehe den Hauptgrund darin, dass ihm gefühlsmässig der Ausdruck schön soweit nicht mehr Folge leistet, während er das Typische noch mit dem Schönen identificiren zu können glaubt (allerdings auch das mit Unrecht, da es positiv hässliche Typen gibt). So kommt die Natur bei Schasler recht schlecht weg. Der Künstler kann mit dem Naturschönen gar nicht so viel anfangen, als man denken sollte. »Zwar ist die Naturschönheit als Object der künstlerischen Anschauung und Darstellung nicht ausgeschlossen, aber als bloss typische Schönheit hat sie immerhin für diese Anschauung etwas Abstractes und Leeres, um nicht zu sagen Nüchternes, während das Concrete und Inhaltsvolle für sie gerade in der zufälligen Besonderheit des Wirklichen liegt, sofern dies nur aus subjectiven Gründen ein charakteristisches Bild liefert« (I. 71). Nun frage ich aber: sind nicht die Thatsachen der Erfahrung dadurch völlig auf den Kopf gestellt? Wem in aller Welt ist bis jetzt der Gedanke gekommen, der schönen Naturerscheinung mit ihrem unerschöpflichen Reichthum an individueller Ausgestaltung »abstracte Idealität« (vgl. auch II, Anm. 13) vorzuwerfen! Ich kann es begreifen — obwohl nicht billigen — wenn ein Metaphysiker die aesthetische Wirkung der Natur leugnet, weil sie der »abstracten Idealität« seines speculativen Princips nicht genügt; aber der Standpunkt Schaslers wird mir nur dadurch verständlich, dass ich annehme, die Gleichung »aesthetisch = schön« hat ihn auf diesen Irrweg geleitet.

Schaslers Streben, von der abstracten Idee zur concreten Erscheinung durchzudringen, scheitert also an dieser Gleichung. In Beziehung darauf ist auch noch Folgendes lehrreich. Man sieht aus dem bisher Mitgetheilten, dass der concrete Naturgegenstand, selbst wenn er hässlich ist, sehr gut von dem Künstler wiedergegeben werden kann. Nur in der Natur selbst soll er nicht genossen werden können. »Der Veranschaulichung halber möge dies an einem Beispiel aufgezeigt werden: Ein altes, runzliges, in Lumpen gehülltes Weib, ein abgetriebener Karrengaul, eine alte halb verfaulte Weide, ein sumpfiges Wasser, ein düsterer, regnerischer Himmel sind Erscheinungen der Wirklichkeit, die niemand als naturschöne Dinge betrachten wird; und dennoch kann die Zusammenstellung derselben das Motiv zu einem Gemälde von hoher Kunstschönheit darbieten, z. B. eine alte Zigeunerin, mit einem schmutzigen Pfeifenstummel im zahnlosen Munde, unter einer alten Weide am Rande des Sumpfes sitzend, während der alte Klepper vor dem ärmlichen Karren ein paar dürre Grashalme abrupft, das Ganze bedeckt von dem bleigrauen Himmel; ein Bild, das von bedeutender Kunststimmung sein kann« (I. 71). Ich finde aber, dass ich ein solches altes Weib, einen solchen Karrengaul, eine solche halbverfaulte Weide und einen solchen trüben Himmel auch in der Naturwirklichkeit sehr gut aestetisch geniessen kann, und ich bin fest überzeugt, dass Schasler es auch vermag, wie es jeder vermag, der im Aesthetischen nicht bloss den Sinnenkitzel des Angenehmen sucht. Schasler weiss das auch ganz gut, aber er sucht um das thatsächlich Vorhandene dadurch herumzukommen (und so für die Natur die Gleichung »aesthetisch = schön« zu retten), dass er sagt, ein solches Nichtschönes in der Natur wirke nur »aus subjectiven Gründen« (s. o.) aesthetisch. »Es ist eben hier«, fährt er nach dem eben mitgetheilten Beispiel fort, »auf Naturschönheit gar nicht abgesehen, sondern im Gegentheil lediglich auf den düstern Stimmungsreflex, der durch die Anschauung dieses traurigen Bildes im Subject erzeugt wird und der als solcher Object der künstlerischen Darstellung ist. In gleichem Sinne kann man vom ‚Ideal' eines Betteljungen, eines Räubers u. s. w. sprechen; Vorstellungen, die das gerade Gegentheil vom Naturideal sein können. Es ergibt sich hieraus nicht nur die Thatsache, dass **Naturschönheit und Kunstschönheit überhaupt wesentlich verschiedene Begriffe sind, ja gewissermassen entgegengesetzten Inhalt haben**, sondern auch der Grund, warum Künstler und Laien sowohl Werke der Kunst wie der Natur meist unter ganz entgegengesetzten Gesichtspunkten anschauen, **der Künstler nämlich unwillkürlich auch die Natur unter dem eben geschilderten Gesichtspunkt künstlerischer Schönheit, der Laie auch das Kunstwerk unter dem diesem entgegengesetzten Gesichtspunkt der Naturschönheit**; Gesichtspunkte, die eben so unberechtigt wie einseitig sind«. — Ebenso unberechtigt wie einseitig? Das muss ich entschieden bestreiten. Die Schönheit ist überall die gleiche in Natur und Kunst; was sollte man auch mit einem Begriff anfangen, der sich bei näherer Betrachtung in zwei wesentlich verschiedene, ja entgegengesetzte Begriffe spaltet, ohne dass eine Einheit über diesem Gegensatz stehen bliebe! Der **unaesthetische Laie** wird die Eine Schönheit in Natur und Kunst vielleicht allein geniessen, freilich nicht **als Schönheit**, sondern nur als sinnlich Angenehmes, und er ist dann einseitig und im Unrecht. Aber der Künstler ist gewiss nicht im Unrecht, wenn er die Natur auch in ihren nicht-schönen Erscheinungen unzählige Mal der aesthetischen Betrachtung für würdig hält, und der aesthetisch feinfühlige Laie steht ohne Weiteres auf ganz dem gleichen Standpunkt. Warum verwirft nun Schasler diesen Naturgenuss? Was sollen jene »subjectiven Gründe« bedeuten, die bei dem angeführten Beispiel als etwas Besonderes hinzukommen? Ich glaube das am besten verständlich machen zu können durch eine Stelle in der Aesthetik v. Hartmanns, die denselben Gedanken in schärferer Ausprägung wiedergibt. »Soll es aber ein Naturschönes geben, so muss doch die Schönheit der subjectiven Erscheinung des Naturobjects völlig receptiv, d. h. ohne alle Zuthat der productiven Phantasie gegeben sein; denn wenn die Schönheit erst durch letztere, etwa durch eine idealisirende Thätigkeit derselben, hinzugebracht würde, so wäre sie eben nicht eine Naturschönheit zu nennen, sondern eine Phantasieschönheit. Es ist keineswegs ausgeschlossen, dass Naturschönheit und Phantasieschönheit sich vereinigen; dann ist aber das Product beider (wie z. B. das vom Beschauer idealisirte Naturschöne oder das mit leihend hineingetragenem idealen Gehalt höherer Stufe erfüllte Naturschöne) nicht mehr ein reines Naturschönes, sondern eine Combination von Naturschönem und Kunstschönem. Es kann ferner zugegeben werden, dass es dem künstlerischen Sinne gemäss ist, das Naturschöne sofort idealisirend und mit leihendem Hineintragen höheren Gehalts anzuschauen, dass dem dieses künstlerischen Sinnes Ermangelnden gar leicht auch die reine Naturschönheit der subjectiven Erscheinungen entgeht, und dass man deshalb in der Praxis es fast überall schon mit einem combinirten Natur- und Kunstschönen zu thun hat, auch da wo bloss das Naturschöne genannt wird. Diese Vermengung darf aber die Aesthetik nicht hindern, die Mischung in ihre Bestandtheile wieder aufzulösen und jeden gesondert zu betrachten« (II. 499).

Ich glaube sicher annehmen zu dürfen, dass diese Sätze Schaslers »subjective Gründe« vollständig erläutern. Schasler meint also: wenn ich in der Realität ein typisch vollkommenes und daher schönes Weib betrachte, so ist die Schönheit objectiv vorhanden. Vermag ich dagegen eine reale alte Zigeunerin trotz ihrer Hässlichkeit mit aesthetischem Genuss anzuschauen, so ist keine objectiv vorhandene Schönheit da, sondern die

»Schönheit« wird von mir erst »leihend« in das Object hinübergetragen, indem ich es »künstlerisch« betrachte. Hierauf habe ich Folgendes zu antworten: Erstens wird die hässliche alte Zigeunerin, wenn man sie mit den Augen des Künstlers betrachtet, darum nicht schön, sondern nur aesthetisch wirksam. Zweitens wird auch das von einem Laien bewunderte schöne Weib ebenfalls erst dadurch schön, dass er seine Subjectivität »leihend« auf das schöne Weib überträgt, dass seine Seele nachahmend in die wohlgefälligen Formen und Farben hinüberströmt und sie durchdringt. Würde das Naturobject »völlig receptiv, ohne alle Zuthaten der productiven Phantasie« betrachtet, so hätten wir überhaupt nicht die Vorstellung des Schönen, sondern nur die Empfindung des sinnlich Angenehmen, ebenso wie wir im entsprechenden Falle statt des Erhabenen nur das Gewaltige oder Imponirende, statt des Komischen nur das Verkehrte oder Nichtige sehen würden. Also »geliehen« wird in beiden Fällen. Und drittens verräth jene Betrachtung des Nichtschönen nicht einen besonderen »künstlerischen« Sinn, sondern sie ist der Kern jeder aesthetischen Anschauung überhaupt und muss auch bei demjenigen Laien zu finden sein, der gar nichts Künstlerisches an sich hat. Wenn Hartmann zugibt, dass diese »künstlerischen« Zuthaten zum Naturschönen »einen nicht rein individuellen, sondern mehr oder weniger völkerpsychologischen Charakter an sich haben und dadurch eine gewisse kulturgeschichtliche, rein geistige Objectität und relative Allgemeingiltigkeit gewinnen« (II. 506), so folgt daraus doch eigentlich, dass ein solches »Leihen« eben nicht zu den speciell »künstlerischen« Zuthaten gehört, sondern vielmehr einen Grundzug jeder aesthetischen Anschauung ausmacht. — Man hat mit Recht in den mythologischen Bildungen nicht bloss etwas dem Künstlerschaffen, sondern auch dem aesthetischen Schauen Analoges erblickt. Auch darin sehe ich einen Beweis für meinen Standpunkt; denn das mythologische Bewusstsein beseelt »leihend« das Schöne in gleicher Weise wie das Nichtschöne und Hässliche in der Natur.

Schasler ist der Absicht nach »concreter Idealist«, d. h. er sucht von dem Begriff der aesthetischen Idee aus bis zur concreten Erscheinung durchzudringen; aber er scheitert in dem Versuch, weil er die Grenzen des Schönen nicht zu überschreiten wagt. Ich betrachte es als eine wichtige Aufgabe dieses Aufsatzes, nachzuweisen, dass auch die andern Vertreter der »concreten Idee« aus ganz dem gleichen Grunde ihre Absicht nicht erreichen. — Von Plato bis Schelling und Schopenhauer ist in der speculativen Aesthetik der abstracte Idealismus herrschend gewesen, d. h. die Ansicht, wonach die Dinge nicht in ihrer individuellen Erscheinung als solcher schön sind, sondern dieses Prädicat nur soweit verdienen, als sie dem abstracten Gattungsideal entsprechen. Dieser abstracte Idealismus konnte sich aber auf die Dauer nicht halten, da gerade für den germanischen Geist die aesthetische Ausbildung des Individuellen, Charakteristischen das Naturgemässe ist, und so zeigt sich schon bei Hegel eine concretere Fassung der aesthetischen Idee. Unser berühmtester Aesthetiker, Vischer, schwankt zwischen concretem und abstractem Idealismus. Dagegen ist Schasler der erste, der den Begriff der »concreten Idee« mit klarem Bewusstsein ausgesprochen und gefordert hat (in seiner »Geschichte der Aesthetik« und seiner »Aesthetik«). Das Ideal, sagt er, bleibt nicht in seiner Allgemeinheit, sondern gewinnt in der schönen Erscheinung »die allerindividuellste und bestimmteste, mit einem Wort concreteste Gestalt« (Aesthetik I. 70). Ich habe schon gezeigt, wie er trotz dieser Definition bei der Bestimmung des Naturschönen im »Typischen« stecken bleibt. In noch bewussterer und durchgeführterer Weise hat dann E. v. Hartmann die »concrete Idee« als das eigentliche Wesen aller Schönheit aufgefasst. Die »concrete Idee« ist ihm in ihrer höchsten Objectivation »Individualidee«, und der unmittelbare empirische Repräsentant der Individualidee ist der Charakter. Von dieser allgemeinen Bestimmung aus kommt man aber nun sehr bald vor die Frage: müssen denn in Folge dessen nicht z. B. alle menschlichen Gesichter ohne Ausnahme für schön erklärt werden? Von meinem Standpunkt aus wäre die Antwort leicht: solange sie das Spiel der inneren Nachahmung überhaupt zulassen, können alle menschlichen Gesichter eine aesthetische Wirkung hervorbringen, indem wir uns spielend in ihre Individualität versenken; darüber, ob sie schön oder nicht schön sind, ist aber hiermit noch gar nichts gesagt. Für Hartmann jedoch steht dieser Weg nicht offen, da er genau wie die andern modernen Theoretiker alles aesthetisch Wirksame als schön bezeichnet — und so dringt auch er nicht wirklich zur concreten Erscheinung durch.

Er kommt nämlich zu dem Resultat, dass die Erscheinung nur dann aesthetisch wirke, wenn sie von allen Störungen und Hemmungen in der Realisation der Individualidee frei sei. Was sind aber solche »relative Zufälligkeiten«, die den aesthetischen Genuss beeinträchtigen? Wie soll man sie zuverlässig nachweisen, da man doch die ungehemmt, gleichsam im leeren Raum verwirklichte Individualidee nicht kennt? Und sind denn alle solche Hemmungen und Störungen unaesthetisch? Die Individualidee soll in dem Charakteristischen ihren Ausdruck finden; aber gehören zur charakteristischen Erscheinung nicht auch unzählige kleine Züge, die erst im »Strom der Welt« entstanden sind und mit der metaphysischen Individualidee ganz gewiss nichts zu thun haben? Sind es nicht minimale, oft mikroskopische Unregelmässigkeiten und Zufälligkeiten, die zu hunderttausenden in einem menschlichen Antlitz vereint, ihm erst den Eindruck der realen, unerschöpflichen Individualität verschaffen? Hartmann sagt: solche Zufälligkeiten, »die nur zu geringen Abweichungen der Wirklichkeit von dem Gattungsideal führen«, seien »ohne positiven aesthetischen Werth« (II. 202). Das ist doch sicher nicht richtig; und selbst wenn es richtig wäre — wo soll man denn bei dem Abstrahiren von ihnen die Grenze ziehen? Liegt da nicht die Gefahr vor, dass man einfach wieder ins Gattungsmässige verfällt und so die »concrete Idee« ebensowenig bis zum Individuum durchführt, als es Schasler gelungen ist? Hartmann erkennt diese Gefahr ausdrücklich an; man falle so, sagt er (II. 203), gar leicht in den abstract-idealistischen Irrthum zurück, als ob das Bedeutsame am Individuum nicht das Individuelle, sondern das Gattungsmässige wäre. Aber was ist denn nun das Individuelle, wenn man alle die kleinen »Abweichungen der Wirklichkeit vom Gattungsideal« weglässt? Hartmann antwortet hierauf: das Individuelle unterscheidet sich auch dann noch vom Gattungsmässigen durch das ihm anhaftende »Mikrokosmische« (ebd.). Die »mikrokosmische Schönheit« besteht in Folgendem. Jedes Individuum befasst Individuen niedrigerer Ordnung unter sich und ist selbst einem Individuum höherer-

Ordnung eingegliedert. Eine Ausnahme davon macht nur das Atom nach unten und der Makrokosmus nach oben. Was dagegen zwischen diesen Extremen liegt, Moleküle, Plastiden, Zellen, Organe, Organsysteme, Individuen im gewöhnlichen Sinn, Stöcke, Thierstaaten, Familien, Gemeinden, Staaten, Reiche und Staatenbünde, Planeten, Sonnensysteme, Weltlinsen u. s. w., das weist einerseits auf den Makrokosmus hin durch die Eingliederung in höhere Individuen und ist andrerseits ein Abbild des Makrokosmus, weil es Individuen niedrigerer Ordnung unter sich befasst. Auf dieser doppelten Beziehung beruht es, dass man jede mittlere Individualidee einen Mikrokosmus nennen kann (II. 195 f.). Eine Erscheinung aber, die das Mikrokosmische deutlich erkennen lässt, ist schön, ja dieses Mikrokosmische, das freilich ein »Mysterium« ist, bildet den eigentlichen und innersten Kern aller Schönheit.

Damit will Hartmann dasjenige aufgedeckt haben, worin die besondere Eigenthümlichkeit der individuellen Schönheit im Unterschied vom Gattungsmässigen begründet ist. Die »mikrokosmische Schönheit« würde übrig bleiben, wenn man alle individuelle Zufälligkeit vom Individuum abzöge, was freilich nie völlig zu erreichen ist. Diese mikrokosmische Schönheit also ist es allein, wodurch die Hartmann'sche Aesthetik über den abstracten Idealismus hinauszugehen sucht. Geht sie aber dadurch wirklich über ihn hinaus? Ich kann es nicht zugeben. Was sie lehrt, ist doch in kurzen Worten dieses: vollkommene Schönheit müsste derjenige Gegenstand besitzen, der ganz »ohne Abweichungen von dem Gattungsideal« wäre und dessen Wirklichkeit gerade darum (weil nämlich das relativ Zufällige in Abzug käme) das »Mikrokosmische«, d. h. die Beziehung zu den untergeordneten und übergeordneten Individuen deutlich repräsentirte. Also nicht die concrete Erscheinung ist danach aesthetisch wirksam, sondern nur das »Durchscheinen« (ebd.) der doppelten Beziehung zur makrokosmischen Idee. Was aber eine solche völlig abstracte Beziehung für die aesthetische Würdigung des wahrhaft Individuellen, wie es uns in jedem wirklichen Menschen gegenübertritt, beitragen soll, ist mir nicht verständlich. Man denke nur gleich an ein bestimmtes Beispiel. Ich betrachte im Theater das Gesicht eines in meiner Nähe stehenden Herrn; ich lebe mich nachempfindend in den individuellen Charakter ein, der aus diesen auffallenden Gesichtszügen, diesen offenbar kurzsichtigen Augen, dieser eigenthümlich gestalteten Stirn mit dem auf der einen Seite schräg hereinhängenden Haare, dieser durch den beständigen Aufenthalt im Zimmer farblos gewordenen Haut, diesem herabhängenden Schnurrbart, dieser zu dem sonstigen Eindruck merkwürdig contrastirenden Hiebnarbe auf der linken Wange spricht. Ist nun das eigentlich Charakteristische und Individuelle an dem genossenen Anblick überhaupt noch denkbar, wenn ich von allen relativen Zufälligkeiten, von allen »Abweichungen der Wirklichkeit von dem Gattungsideal« abstrahire, da sie doch keinen »positiven aesthetischen Werth« haben, und mich gefühlsmässig dem Mysterium hingebe, dass dieses Individuum aus Millionen von Zellenindividuen besteht und selbst wieder zunächst seiner Familie, dann seinem Staat, und zuletzt auch dem Makrokosmus angehört? Und ist es zu dem Gefühl dieser Beziehungen nothwendig, dass gerade dieser Mann vor mir steht? Würde mir nicht jeder andere die gleichen Dienste thun und könnte sich diese Form des concreten Idealismus in der Kunst nicht ebensogut mit einem recht abstracten Gattungsideal begnügen, in dem zwar das nächsthöhere Individuum der Familie übersprungen wäre, aber die Beziehung zum Staat und von da weiter hinauf um so deutlicher herausträte?

Man sieht: auch bei Hartmann möchte der »concrete Idealismus« sehr gern bis zur realen Erscheinung durchdringen; aber die Gleichsetzung des Aesthetischen und Schönen würde dann dazu führen, dass man in der Wirklichkeit fast jedes Gesicht schön nennen müsste, und so kommt er schliesslich doch nicht aus dem abstracten Idealismus heraus. Ich muss nun noch einen anderen Aesthetiker in den Kreis dieser kritischen Betrachtungen ziehen, einen Aesthetiker, der sich zwar einen »Realisten« nennt, der aber gleichfalls die »concrete Idee« an die Spitze seiner Theorie stellt, nämlich Theodor Alt. Alt, der Verfasser des »Systems der Künste«, hat neuerdings eine interessante kleine Abhandlung »Vom charakteristisch Schönen« (Mannheim, Bensheimer 1893) veröffentlicht, auf die ich hier eingehen muss. Zunächst möchte ich zur Bestätigung meiner Kritik Schaslers anführen, dass Alt gerade so wie ich die Möglichkeit zugibt, eine Erscheinung wie die alte Zigeunerin, den schmutzigen Ziegenhirten etc. auch in der Natur zu geniessen. Wenn mir ein Künstler, sagt er, zwei hässliche, mit einander klatschende Weiber ganz nach der Natur vor Augen stellt, so kann ich darüber ein grosses aesthetisches Vergnügen empfinden. »Es wäre jedoch irrig, dies auf Rechnung der Nachahmung im Kunstwerk zu stellen: wenn ich aesthetisch anzuschauen vermag, so habe ich ganz denselben Genuss gegenüber der Naturerscheinung«. — Die Principienlehre Alts lässt sich kurz so darstellen. Der Grund aller Schönheit ist die »concrete Idee«. Die concrete Idee eines Objects ist das Wesentliche an diesem Object. Die Erscheinung der concreten Idee ist daher dann vorhanden, wenn das Object uns so vor Augen tritt, dass sich unserer Anschauung sein eigentliches »Wesen« unmittelbar enthüllt. Schönheit ist also die Erscheinung des Wesentlichen einer Sache. Da das Wesentliche das eigentlich Reale ist, nennt Alt seine Theorie Realismus (durch die Betonung des Wesentlichen vom Naturalismus scharf zu unterscheiden!), da das Wesentliche das Wahre ist, handelt es sich dabei um ein Wohlgefallen an der Wahrheit, und da das Wesentliche den eigentlichen Charakter des Gegenstandes ausmacht, ist die concrete Idee zugleich das Charakteristische. Das Charakteristische ist das Schöne im weiteren Sinn. Schön im engeren Sinn ist zunächst diejenige Form des »Wesentlichen«, welche es im Reich der organischen Erscheinungen (sowohl der natürlichen als der technischen) annehmen kann: hier ist das Wesentliche die innere und äussere Zweckmässigkeit der Objecte. Wo diese klar zum Ausdruck kommt, da haben wir Schönheit im engeren Sinn oder organische Schönheit.

Hierzu habe ich zunächst Folgendes zu bemerken. Wenn das Schöne im engeren Sinn auf den Begriff der Zweckmässigkeit zurückgeführt wird, so ergiebt es sich, dass hierfür dieser Begriff zu weit und zu eng ist. Denn einerseits ist, wenn man die Erscheinung eines normalen organischen Individuums ins Auge fasst, in Folge des Kampfes ums Dasein und der individuellen Anpassung eigentlich immer erscheinende Zweckmässigkeit vorhanden und insofern der Begriff des Zweckmässigen für das Schöne im engeren Sinn ganz sicher viel zu umfangreich. Der hässliche Arm des Affen ist ebenso zweckmässig wie der schöne Arm des Menschen, das Kosackenpferd in seiner Art eben so zweckmässig wie der Araber (und ich finde auch, dass man ihm das unmittelbar ansieht). Man fühlt sofort, dass man diese Beispiele nicht gut nebeneinander als schön im engeren Sinn bezeichnen kann. Andrerseits erweist sich die organische Zweckmässigkeit als zu eng bei der (freilich von Alt als zweckmässig angeführten) Schönheit des wohlgerundeten weiblichen Oberarms, bei der Harmonie in der Färbung der Haut, der Augen und der Haare, bei dem bunten Gefieder und der wohllautenden Stimme vieler Vögel und manchem Anderen. Denn wollte man eine solche Erscheinung im darwinistischen Sinne als zweckmässig für die natürliche Auswahl bezeichnen, so geriethe man in einen circulus vitiosus, da ja hier die Erscheinung erst Wohlgefallen erregen muss, um überhaupt zweckmässig zu sein. Alt hat das natürlich auch erkannt; und so gibt er völlig unabhängig von der concreten Idee mit ihrer charakteristischen bezw. zweckmässigen Schönheit noch ein weiteres Schönes zu, nämlich das formal Schöne, das auf dem sinnlich Angenehmen beruht. Auch das formal Schöne rechnet er zur Schönheit im engeren Sinn. Ich finde dass dadurch der Begriff des Schönen in mehrere logisch unvereinbare Begriffe auseinanderfällt und die von der Theorie zu verlangende Bestimmtheit einbüsst. Man hätte dann das Formalschöne doch wohl als Schönheit im allerengsten Sinn, das Zweckmässige auch noch als Schönes im engeren Sinn (hierbei aber schon Erscheinungen, auf die der Ausdruck »schön« nicht mehr recht passt, nämlich solche, die zwar zweckmässig, aber nicht sinnlich angenehm sind), und endlich das Charakteristische als Schönes im weiteren Sinn, das nicht nur mit dem Formalschönen, sondern auch mit der organischen Zweckmässigkeit in einen unauflöslichen Widerspruch (S. 19) treten kann.

Auf diesen Widerspruch muss ich gleichfalls eingehen. Da nämlich das Charakteristische weiter ist als das organisch Schöne (es bezieht sich beim lebenden Wesen nicht nur auf die Körperform, sondern auch auf den geistigen Gehalt, der dabei in Erscheinung tritt), so kann innerhalb des Organischen der »Widerspruch« auftreten, dass ein Wesen organisch unschön und doch charakteristisch schön ist. »Das Charakteristische kann dem organisch Schönen sogar an sich selbst widersprechen... Das Fuhrmannspferd ist immer noch verhältnissmässig ideal-schön im Hinblick auf seine besonderen Leistungen; aber der müde, abgetriebene schlechte Karrengaul ist nur charakteristisch« (19). Dieser Karrengaul ist also hässlich vom Standpunkt der speciell organischen Schönheit, er ist schön vom Standpunkt des Charakteristischen überhaupt. — Hier habe ich einzuwenden, dass nach meiner Ansicht kein Mensch diesen Karrengaul »schön« nennen wird, wenn er ihn mit allen den charakteristischen Zeichen des Alters und der Müdigkeit als Naturobject vor sich stehen sieht. Und doch — »wenn ich aesthetisch anzuschauen vermag, so habe ich ganz denselben Genuss gegenüber der Naturerscheinung«. Man erkennt hier wieder, wie gut es ist, beim aesthetischen Genuss nicht nur an die Kunst, sondern auch an die Natur zu denken. Denn da wird man sofort mit Nothwendigkeit zu der Erkenntniss gedrängt, dass der Sprachgebrauch nicht ausreicht, um die Bezeichnung »schön« anf alles »Charakteristische« auszudehnen.

Immerhin würde es sich nach dem bisher Bemerkten zwischen Alt und mir nur um einen terminologischen Gegensatz handeln. Würde er das Formalschöne allein als Schönheit im eigentlichen Sinn bezeichnen und das organisch Zweckmässige ebenso wie das Charakteristische überhaupt zu der Schönheit im weiteren Sinne rechnen, so hätte ich ihm zunächst nur das Eine zu entgegnen, dass diese Schönheit im weiteren Sinn überall, wo ihr das sinnlich Angenehme fehlt, keine wahre Schönheit ist. Selbst in der Architektur, von der Alt wohl ausgegangen ist, zeigt sich das organisch Zweckmässige nur darum so unbezweifelbar schön, weil es sich von vornherein aus sinnlich angenehmen Elementen zusammensetzt (ähnlich ist es bei der zweckmässigen Bewegung). Es ist aber nicht unmöglich, dass sogar hier einmal das sinnlich Angenehme und damit die Schönheit zurücktreten könnte, ohne dass darum die aesthetische Wirkung verloren ginge. Ich denke dabei vor Allem an die modernen, immer bedeutsamer auftretenden Eisenconstructionen. Die Brücke über den Firth of Forth muss, nach Abbildungen zu urtheilen, gerade durch das lebhaft erregte Gefühl des Zweckmässigen eine sehr intensive aesthetische Wirkung hervorbringen. Aber das sinnlich Angenehme tritt bei ihr nicht mehr so stark in den Vordergrund wie etwa bei einem griechischen Tempel oder einer Renaissance-Vorhalle — und sogleich stellt sich das Wort »schön« nicht mehr ganz so bereitwillig ein. — Ich möchte es aber ausdrücklich betonen: Alt ist der einzige Vertreter der »concreten Idee«, der den Naturerscheinungen gegenüber wirklich bis zum concreten Object durchgedrungen ist, während Schasler und Hartmann trotz des von ihnen bekannten concreten Idealismus doch wieder in den abstracten Idealismus zurückfallen, wie ich ausführlich nachgewiesen habe. Bei näherer Untersuchung zeigt es sich indessen, dass auch Alt der Naturerscheinung gegenüber nicht weit genug geht.

Alt fasst die concrete Idee nicht metaphysisch, sondern psychologisch. Die Idee ist die in uns »bestehende« und von uns »vorausgesetzte« Vorstellung von einem Object. Stimmt der Gegenstand mit dieser vorausgesetzten Vorstellung überein, so ist er schön. »Wie erwerben wir die Vorstellung, welche der wahrgenommenen aesthetisch befriedigenden Erscheinung zu Grunde liegt? Wie erhalten wir die Idee und in was besteht sie?« »Die sinnlichen Bestandtheile der Idee werden alle gewonnen durch sinnliche Wahrnehmung der Aussenwelt; und auch die Kenntniss der besonderen Zwecke der Arten und deren Begriff ist offenbar nicht von vornherein in uns gelegen, sondern wir erwerben sie durch eine fortgesetzte sinnliche Anschauung ihrer Erscheinung und geistige Erfahrung ihrer nothwendigen Bedingnisse«. »Die sinnlichen und geistigen Bestandtheile nun, welche die Idee erfüllen, bilden einen mehr oder weniger dunklen Niederschlag in unserem Bewusstsein, ein Sammelbild von mehr oder weniger charakteristischen Bestandtheilen, welches erst dann vollkommen hell ins Bewusstsein zu treten pflegt, sobald uns eine Erscheinung gegenübertritt, welche die Idee ganz erfüllt« (27—29). Hätte Alt dem weiter nichts hinzugefügt, so hätten wir hiermit, wie Jedermann auf den ersten Blick erkennen muss, den entschiedensten Rückfall in's abstract Gattungsmässige, genau wie bei Schasler und Hartmann. Denn wenn eine Erscheinung nur dadurch aesthetisch wirksam ist, dass sie jenem »Sammelbild« entspricht, so heisst das mit deutlichen Worten: nur das dem Begriff entsprechende Individuum, nur der vollkommene Vertreter seiner Gattung oder Art ist aesthetisch geniessbar, und der Genuss liegt gerade darin, dass ein solches Object dem »schon in uns vorhandenen« Begriffe adaequat ist. — Alt sagt aber weiter: »Die Idee einer Individualität endlich ist ganz und gar geknüpft an das objective Individuum und seine Erscheinung. Hier wissen wir gar nichts Wesentliches, ehe wir die Persönlichkeit kennen«... »Die Idee einer Persönlichkeit gewinnen wir durch eine fortgesetzte, sinnliche und geistige, mehr oder weniger bewusste Bekanntschaft mit derselben. Dadurch entsteht in uns jener Niederschlag, der im geeigneten Moment das eigentliche Wesen der Persönlichkeit, die concrete Idee derselben, vollkommen enthüllt. Diese Enthüllung findet aber meistens erst dann statt, wenn uns ein wirklicher Künstler dazu den Weg zeigt, indem er die Persönlichkeit, welche er mit grösserer Schärfe bewusst beobachtet hat, in ihren wesentlichen, in ihren charakteristischen Momenten, je nach dem Grad von deren relativer Bedeutung und unter Ausscheidung alles Fremden, Vorübergehenden, »Zufälligen« durch ein Bildniss deutlich vor Augen stellt«. — Man sieht: Alt hat hier die »concrete Idee« wirklich concret, als Individualidee gefasst, und er geht insofern über Hartmann und Schasler hinaus. Aber es ist auch sehr leicht einzusehen, dass — vor allem der Naturerscheinung gegenüber — diese Zurückführung des Aesthetischen auf Uebereinstimmung des Gegenstandes mit unserer schon vorhandenen Idee von ihm dennoch nicht ausreicht. Denn es ist doch zweifellos, dass man von einem lebenden Menschen beim ersten Anblick den Genuss der individuellen und charakteristischen Erscheinung haben kann, ohne dass eine fortgesetzte sinnliche und geistige Bekanntschaft mit demselben vorausgegangen wäre. Wo ist aber in einem solchen Fall, da wir doch »gar nichts Wesentliches« von der Person wissen, die schon vorhandene Idee, mit der wir die reale Erscheinung vergleichen sollen und mit der sie identisch sein muss, um aesthetisch genossen werden zu können? Ja auch in der Kunst: wenn ich mich an dem Dürer'schen Portrait eines unbekannten jungen Mannes erfreue, oder an dem Werk irgend eines modernen Portraitisten, ohne die dargestellte Person irgendwie zu kennen, wo ist da die vorausgesetzte Idee, mit der ich das Bildniss vergleichen könnte?

Und habe ich nicht dennoch den sehr bestimmten Eindruck einer höchst individuellen, charakteristischen Persönlichkeit? Der Genuss wäre vielleicht grösser, wenn ich eine schon vorhandene Idee von dem Dargestellten hätte, aber er ist auch so möglich, und darauf kommt es an. Die »concrete Idee« reicht also auch in der psychologischen Fassung, die ihr Alt gegeben hat, nicht aus, um den aesthetischen Genuss des Individuellen zu erklären. Wir bekommen die Idee dem lebenden Menschen gegenüber erst nach längerer Bekanntschaft, und doch lehrt die Erfahrung, dass die aesthetische Betrachtung gerade nach längerer Bekanntschaft schwer ist, während sie sich bei Menschen, die wir zum ersten Male sehen, so willig einstellt. Ja ich möchte annehmen, dass sich auch die Portraitisten, wo es sich nicht um eine historische Persönlichkeit handelt, in der Hauptsache sehr oft durch den ersten Gesammteindruck bestimmen lassen, und dass eine Hauptschwierigkeit darin besteht, die Frische dieses ersten Eindrucks bei der näheren Bekanntschaft nicht allzusehr zu verwischen.

Alt sagt sehr richtig: »Wir unterscheiden uns von Groos dadurch, dass er das allgemeine Wesen des aesthetischen Wohlgefallens psychologisch festzustellen sucht, während wir die nothwendigen Bedingnisse desselben in seinen objectiven Substraten aufzuzeigen bemüht sind, die Schönheitsregeln oder vielmehr Schönheitsgesetze in ihrer Materie selber« (28. Anm.). Nun, für die Schönheit, wie für jede aesthetische Modification — und zwar für all die Hunderte von Modificationen, wie sie etwa Köstlin aufzählt — gebe ich überall das »objective Substrat« zu. Aber das allgemeine Wesen des aesthetischen Wohlgefallens überhaupt kann nur durch einen Begriff umfasst werden, der von allen besonderen objectiven Substraten, von allen positiven Bestimmungen abstrahirt, und das ist die Lust an dem Spiel der inneren Nachahmung. Dass es anders nicht möglich ist, allem Aesthetischen gerecht zu werden, glaube ich durch meine Kritik des concreten Idealismus erwiesen zu haben; auch Alt scheitert an dem (freilich nicht mehr sehr objectiven) Substrat der »vorausgesetzten Idee«. Die einzige positive Bestimmung, die ich zugeben könnte, wäre die von Fr. Schlegel aufgestellte des Interessanten; sie hat aber, richtig verstanden, darum keinen besonderen Werth, weil in der Natur einfach **alles interessant** ist; und sie ist darum sogar bedenklich, weil sie, **falsch verstanden**, die Kunst auf Abwege führen würde, wie man das in der Romantik gesehen hat. — Im gleichen Sinne könnte ich mich auch mit dem trefflichen Abbé Du Bos einverstanden erklären. Er sagt: les peintres et les poëtes excitent en nous des passions artificielles (»Scheingefühle«, »Nachahmungsgefühle«!), en présentant les imitations des objects capables d'exciter en nous des passions véritables (Réflexions critiques sur la Poësie et la Peinture, 7. Aufl. Paris 1770. I. 27). Versteht man unter »passions« **leidenschaftliche** Gefühle, so kommt man auf Irrwege; versteht man darunter, dass der Gegenstand nur überhaupt geeignet sein solle, in dem aesthetischen Betrachter Gefühle zu erregen, so wäre das wieder die gleiche positive Bestimmung wie das richtig verstandene Interessante, und man müsste auch hier sagen: aber wo ist das Naturobject, das in dem aesthetisch Veranlagten gar keine Gefühle erregen könnte!

Woher kommt es nun aber, so muss ich jetzt noch fragen, dass die Vorstellung, als müsse man entweder im Gattungsmässigen oder im Charakteristischen, individuell Ausgeprägten ein positives Merkmal des Schönen besitzen, eine solche Zähigkeit und Beharrlichkeit hat? Zunächst ist darauf zu antworten, dass die gattungsmässige und die charakteristische Erscheinung, wenn auch durchaus nicht immer schön, so doch in hohem Maasse aesthetisch wirksam ist, die eine, weil sie die innere Nachahmung sehr **erleichtert** (man kann das Gattungsmässige das logisch Angenehme nennen im Gegensatz zum sinnlich Angenehmen), die andere, weil sie die innere Nachahmung **sehr interessant** macht. Es kommt aber ausserdem der bisher noch nicht gewürdigte Umstand hinzu, **dass das Spiel der inneren Nachahmung jeden Naturgegenstand schon von sich aus in etwas Charakteristisches und in etwas Typisches verwandelt.** — Worin besteht das **Charakteristische**? Im allgemeinsten Sinne hat jeder Gegenstand einen Charakter oder — wenn man will — eine concrete Idee. Aber unter dem Aesthetisch-charakteristischen versteht man mehr als das. Man meint damit, dass aus dem Gegenstand eine Seele spricht, die sich nicht bloss als eine allgemeine, verschwommene »Beseelung« zeigt, sondern als eine individuelle, von jeder anderen unterscheidbare, zu einer festen Einheit bestimmte Seele; gerade in dieser einheitlichen Bestimmung besteht der innerste Kern des Aesthetisch-charakteristischen. Nun, eben dieses leistet aber die innere Nachahmung jedem Naturobject gegenüber. Vor allem b e s e e l t sie den Gegenstand, weil sie ein Sicheinleben, eine »Einfühlung« in das betrachtete Object ist. Das zeigt sich auch bei dem schon an sich lebendigen Object daran, dass die aesthetische Betrachtung es gleichsam bis in die Fingerspitzen personificirt, während für die ausseraesthetische Betrachtung z. B. der Fluss der Linien oder die Tönung der Hautfarbe nichts Seelenvolles besitzen würde. Und ferner ist das innere Nachahmen der narrowness of mind unterworfen, die zur Folge hat, dass an dem mit Aufmerksamkeit betrachteten Gegenstand diejenige Eigenschaft, die auf das Subject am intensivsten wirkt, die H e r r s c h a f t über das Bewusstsein ergreift, und dass, wenn so einmal ein »herrschender Eindruck« vorhanden ist, alle andern Theile der Erscheinung sich ihm dienend einfügen müssen. Wir sehen etwa einen Betteljungen vor uns, der eine geschenkte oder gestohlene Traube verzehrt. Der Eindruck seines behaglichen Geniessens nimmt den Gipfel unseres Bewusstseins ein. Sofort gleitet für den aesthetisch Betrachtenden dieser herrschende Eindruck wie ein Sonnenstrahl über alle Theile der Erscheinung und prägt ihnen den Charakter seiner Vorherrschaft auf. Diese zerrissenen Hosen, dieses schäbige Jäckchen, diese schmutzigen Hände und Füsse wären an sich geeignet, unseren Widerwillen oder unser Mitleid zu erregen. Nun werden sie von dem herrschenden Eindruck erfasst und m ü s s e n i h m d i e n e n. Das frohe Lebensgefühl durchdringt und verklärt sie; die Verwahrlosung der Gestalt ist uns nichts Störendes mehr, sie scheint uns die Unabhängigkeit naiver Lebensfreude von allem Aeusserlichen zu zeigen u n d s o w e s e n t l i c h z u d e m b e s o n d e r e n, e i n h e i t l i c h e n C h a r a k t e r d e s G a n z e n z u g e h ö r e n.

Wenn so die innere Nachahmung ganz von selbst danach streben wird, dem Gegenstand einen einheitlichen Charakter zu verleihen, so nähert sie ihn g e r a d e d a d u r c h a u c h d e m T y p i s c h e n, G a t t u n g s m ä s s i g e n a n. Es gibt vielleicht keinen besseren Beweis für die Identität des wahren Idealismus und wahren Realismus als die Thatsache, dass das Charakteristische, wo es zur vollen Geltung kommt, trotz seiner individuellen Bestimmtheit doch auch den Eindruck des Typischen machen muss. Wenn bei der aesthetischen Betrachtung immer ein Zug der Erscheinung die Herrschaft ergreift, so verlangt er von den andern Theilen der Erscheinung, dass sie sich ihm dienend einfügen. Je mehr etwas zu dem dominirenden Merkmal passt, desto stärker wird es in dem Bewusstsein hervortreten dürfen; je weniger es sich von ihm durchdringen lässt, desto weniger wird es sich über die Schwelle des Bewusstseins erheben. Es ist sofort einleuchtend, dass sich bei dieser unbewussten Auswahl der Begriff geltend machen wird, auf den das dominirende Merkmal hindeutet. Herrscht z. B. bei der aesthetischen Betrachtung eines römischen Bettlers die Vorstellung, dass wir hier einen Repräsentanten des italienischen Volkes vor uns haben, so werden die für den Italiener typischen Züge die Mitte unseres Bewusstseins einnehmen; drängt sich dagegen die Vorstellung der Armuth und Verkommenheit in den Vordergrund, so werden hierfür typische Merkmale besonders auffällig, die der für den italienischen Volkstypus Schwärmende zum Theil »gar nicht gesehen« hat. (Auch unsere Landschafter beginnen erst neuerdings mitunter zu zeigen, dass man die italienischen Landschaften auch anders »sehen« kann als in lauter verklärt leuchtende Farben getaucht). In allen derartigen Fällen aber nähern wir die Erscheinung durch das blosse aesthetische Anschauen dem Gattungsmässigen an, und bei jedem aesthetisch betrachteten Object kann man darum, einen metaphysischen Ausdruck psychologisch umdeutend, von einem »Durchscheinen der Idee« sprechen.

Ich habe bisher meine Theorie nur an dem Naturaesthetischen entwickelt. In dem nun folgenden kürzeren, aber wohl entscheidenderen Theil ziehe ich auch die Kunst in meine Betrachtung herein. — Hier muss ich es zunächst betonen, dass im Gebiete der Kunst jene »negativen Bestimmungen«, die den aesthetischen Genuss beschränken, zum Theil viel geringere Bedeutung besitzen, dass aber andrerseits auch eine neue hinzutritt, die bei den Naturobjecten keine Rolle spielt. Einerseits ist nämlich das Kunstwerk sozusagen ein absichtlich hergestelltes »Spielzeug« für das edle Spiel der inneren Nachahmung und will sonst nichts sein. Die Wirklichkeit aber ist durchaus nicht bloss zum Spiele da und lässt daher auch in vielen Fällen nicht mit sich spielen, wo das Kunstwerk gerade seine höchsten Wirkungen erzielt. Der reale Sebastian mit seinem von Pfeilen durchbohrten Leib, der reale Untergang der Nibelungen wäre kein Gegenstand für die aesthetische Betrachtung. In der Kunst aber muss z. B. das Schmerzliche schon in sehr krasser, entsetzlicher Form auftreten, um die Tragkraft der inneren Nachahmung zu überbürden. So haben manche jener »negativen Bestimmungen« in der Kunst eine viel beschränktere Bedeutung als in der Natur. Andrerseits kommt bei dem Kunstwerk noch hinzu, dass man hier fragt, ob der Künstler das, was er beabsichtigte, auch erreicht hat. Die technisch oder logisch fehlerhafte Darstellung macht uns, solange wir uns des Fehlers bewusst sind, die aesthetische Betrachtung unmöglich.

Ich habe hier auf die Frage der richtigen künstlerischen Darstellung nicht näher einzugehen; dagegen bringt gerade sie mich auf die Geltung des gewöhnlichen Sprachgebrauches. Man pflegt nämlich oft ein Kunstwerk nur darum schön zu nennen, weil der Künstler seine Idee vortrefflich dargestellt hat. Hat nun der Aesthetiker, der eine klare und fest bestimmte Definition »des Schönen« erstrebt, diesen Sprachgebrauch zu berücksichtigen, sich ihm zu fügen? Diez geht in seiner »Theorie des Gefühls« so weit, das Schöne nur in der Vortrefflichkeit der Darstellung zu sehen. Das ist auf jeden Fall unrichtig; denn damit wäre ja das Naturschöne von vornherein geleugnet. Aber ich finde überhaupt, dass hier der Sprachgebrauch den Aesthetiker nur irreleiten kann. Wenn ein Künstler sein Bild vortrefflich darstellt, so heisst das, dass er ihm die höchste aesthetische Wirksamkeit verleiht, nicht dass es durch die blosse Darstellung als solche schön ist. Wenn jene klatschenden Weiber vom Künstler wiedergegeben werden, so wird er in seiner Darstellung den Eindruck der Hässlichkeit nicht vermindern. Im Gegentheil, in der Wirklichkeit hat vielleicht das eine der Weiber ganz hübsche Hände, das andere schöngefärbtes, volles Haar. Solche Züge werden schon von der ja stets nach dem Charakteristischen strebenden inneren Nachahmung der realen Objecte unbewusst möglichst im Hintergrund gelassen. Der Künstler aber wird sie unter Umständen sogar durch hässliche Züge ersetzen. Man wird das aesthetisch billigen; aber ist darum das Gemälde schön? Oder ist das Portrait des Cardinal Borgia von Velasquez schön, nur weil er die charakteristische Hässlichkeit des Mannes mit höchster Energie zum Ausdruck gebracht hat? Ich bin der Meinung, man solle sich dem Sprachgebrauch nicht ohne Weiteres fügen. Der Sprachgebrauch ist unsicher und schwankend und darf es sein; aber der Theoretiker darf es nicht sein, sondern muss sich nach festen logischen Grenzen umsehen. Lieber bis zu einem gewissen Grade einseitig als verschwommen! Wenn man etwas Hässliches nur darum, weil es mit allen Mitteln der Technik in seiner ganzen Hässlichkeit wiedergegeben wird, schön nennt, so wirkt man nur verwirrend und muss sich das Hexen-Motto »fair is foul and foul is fair« ebensogut gefallen lassen wie es unter den romantischen und modernen Künstlern die geistig abnormen Anbeter des Hässlichen müssen.

Die logische Beschränkung des Schönen ist um so mehr geboten, als auch in der Kunst der Sprachgebrauch selbst nicht ausreicht, um alles Aesthetische als schön zu bezeichnen. Man hat in dem Gefühl davon zwischen einem Schönen im engeren und einem Schönen im weiteren Sinn unterschieden. Aber das hat nur die Verwirrung vergrössert und dennoch nicht genügt. Bei Alt sahen wir gleich wieder zwei gänzlich disparate Begriffe des im engeren Sinne Schönen. Bei den andern Aesthetikern gilt nur das sinnlich Angenehme als Bedingung des Schönen im engeren Sinn. Aber sie gehen dann möglichst schnell an diesem Begriff vorbei oder suchen das Physiologische daran in ein Logisches aufzulösen. Andere dehnen trotz ihrer Unterscheidung das sinnlich Angenehme auch wieder auf alles Schöne aus, so Carriere, wenn er einerseits das sinnlich Angenehme schon als unterscheidendes Merkmal gegenüber dem Guten und Wahren gebraucht (I. 74), also allem Aesthetischen zuschreibt, andrerseits aber wieder zugesteht, es gebe auch im aesthetischen Gebiet vieles, was der »Schönheitsvollendung« entbehre und darum doch nicht hässlich sei (I, 149). Auch bei Rosenkranz zeigt es sich sehr deutlich, dass die Theorie mit dem Schönen im weiteren Sinn nicht auskommt, wenn er sagt:

»Das Bild eines Christuskopfes wird Jedermann ohne Bedenken sich überall aufstellen; nicht so die Maske eines Mephisto. Eine solche Vereinzelung würde dem Hässlichen eine **Selbständigkeit** zugestehen. die gegen seinen Begriff ist«. Aber ist eine Mephistomaske für sich allein denn wirklich unaesthetisch? Oder: »Neben einer Danae lassen wir uns wohl die hässliche Alte gefallen, aber diese allein würde der Maler uns nicht malen, es **wäre denn** als Genrebild, wo die Situation das aesthetische Element ausmachen würde, oder als Portrait, das zunächst unter die Kategorie der historischen Richtigkeit fällt« (S. 41. 40). Also für Genrebild und Portraitkunst zeigt sich das Schöne im weiteren Sinn schon nicht weit genug.

Doch ich lasse nun alle derartigen kleinen Widersprüche ausser Acht und wende mich dem **grossen Hauptwiderspruch der ganzen modernen Aesthetik zu, dem Komischen als Modification des Schönen.** Ich sehe dabei völlig von der Bestimmung des »objectiven Substrats« ab; ich lasse es dahingestellt, ob die Grundlage des Komischen ein »Verkehrtes« oder, wie **Hartmann** u. A. meinen, ein »Unlogisches« oder, wie **Jean Paul** und **Theodor Lipps** lehren, ein »relativ Nichtiges« sei. Es kommt mir hier nur auf das Verhältniss des Komischen zum Schönen an. Hier zeigt es sich nämlich mit besonderer Deutlichkeit, dass auch der gewöhnliche Sprachgebrauch nicht ausreicht, um die Gleichung »aesthetisch = schön« festzuhalten. Wie verhält es sich z. B. mit der Caricatur, dieser spottenden, übertreibenden Hervorhebung des Verkehrten und Hässlichen? Kann es irgend einem unbefangenen Betrachter einfallen, die Zeichnungen eines Busch, Oberländer, Retenmeyer, Töpfer, Scholz, Cruishank, die Masken des Jean Carriès, die Wasserspeier und Anderes in der gothischen Architekturplastik, die Caricaturen des Leonardo da Vinci schön zu finden? Und auch abgesehen von der eigentlichen Caricatur, reicht der Sprachgebrauch aus, um plastische Werke wie Alexander Opplers Sauhirt oder Marinas-Garcias gefangene Fischer, um Gemälde wie Brouwers »bittere Medicin« oder seine Operationen an Bauern, um Hogarths Zeichnungen, etwa die »times of the day« oder die »Midnight Conversation« mit dem Prädikat »schön« zu bezeichnen? Waren die Stücke des Aristophanes, die Figuren des Don Quixote, des Sancho Pansa, des

Gil Blas, der Pickwickier, des Falstaff und seiner Genossen, des Tartarin, die Erzählungen des Boccaccio, die Kapuzinerpredigt im Wallenstein, Blumauers Aeneide, Kortums Jobsiade zu dem Zweck gedichtet, den Eindruck der Schönheit hervorzubringen? Und um schliesslich das überzeugendste Beispiel zu nennen: kann man den »Witz« unter das Schöne rechnen? Der Witz wird doch von fast allen Theoretikern ohne Weiteres in das Gebiet des Aesthetischen verlegt; mit welchem Rechte thun sie das, wenn sie alles Aesthetische schön nennen? Was ist denn von »Schönheit« vorhanden, wenn etwa der Kritiker dem jungen Kaufmann seine lyrischen Gedichte mit dem Bemerken zurückschickt, der »dichterische Schwung« sei nicht zu verkennen? Ebenso ist es auch bei der unfreiwilligen Komik. Wenn z. B. eine Leipziger Zeitung schreibt: Gestern Abend kam es in unserer Stadt zu einem Gewitter; Donner, Blitz und herniederströmender Regen waren die wesentlichen Bestandtheile der Himmelserscheinung — so haben wir auch da wieder nur ein aesthetisch Wirksames, nichts Schönes.

Die Aesthetik hat sich durch allerlei Mittel aus dieser Verlegenheit zu helfen gesucht, ohne doch dem Widerspruch zu entrinnen, den hier die Gleichung »aesthetisch = schön« mit sich bringt. Ich greife gleich einige Beispiele heraus. Vischer bezeichnet als Ausgangspunkt für die Entwicklung des Komischen die »Auflehnung des Bildes gegen die Idee« oder das »Hässliche« (§ 148). Nun behauptet er weiter (§ 152): »Das hässliche Individuum masst sich an, schön zu sein; dadurch gesteht es die Schönheit, also die Idee, die es doch von sich ausschliesst, als das Geltende«. In dieser »Besinnung« hebt sich die Hässlichkeit auf, und »das Ganze dieser Bewegung ist das Komische« (155). Also das Hässliche wird darum schön, weil es sich selbst für schön ausgibt und dadurch indirect die Macht der Schönheit anerkennt. Aber mit welchem Recht kann Vischer behaupten, dass sich alles Komische für schön ausgebe? Die Verkehrtheit des Komischen stellt sich gern so dar, als ob alles in Ordnung wäre. Aber wenn schon dies durchaus nicht in allen Fällen nothwendig ist (z. B. Verlegenheit, Nervosität, hilfloser Aerger etc.), so ist vollends das Vorgeben des Hässlichen, wirklich schön zu sein (z. B. der alte Geck) ein ganz vereinzelter Fall. Und selbst, wenn Vischer recht hätte: wird die hässliche,

»ideewidrige« Erscheinung darum schön, weil ihr Bestreben, sich für ein Abbild der Idee auszugeben, uns die wahre Idee des Schönen vergegenwärtigt? Das ist aber gerade der innerste Kern aller dieser aesthetischen Theorien, hier sitzt die unbewusste Erschleichung. Man sieht sehr wohl ein, dass das komische Object häufig in directem Gegensatz zur Schönheit steht. Um nun jenes unglückliche »aesthetisch = schön« dennoch retten zu können, sucht man die Schönheit in einer Reaction des anschauenden Subjects auf den hässlichen Anblick, als ob darum das Object selbst irgendwie aufhörte, hässlich zu sein!

Besonders deutlich zeigt sich dieser Gedanke bei Zeising. Zeising fasst die Schönheit als Vollkommenheit, die Hässlichkeit als Unvollkommenheit. Nachdem das vorausgeschickt ist, gebe ich gleich die charakteristische Stelle wieder. »Anders« (als bei der objectiv vorhandenen Vollkommenheit des Schönen im engeren Sinne) »verhält es sich beim Komischen. Dieses kann als nur die Idee der subjectiven Vollkommenheit erweckend den Stempel der Vollkommenheit nicht in sich selbst tragen, es muss vielmehr mit der Idee der objectiven Vollkommenheit geradezu im Widerspruch stehen, weil die Gegenwart irgend eines bemerkbaren Momentes objectiver Vollkommenheit dem Auftauchen des Gefühls der subjectiven Vollkommenheit nothwendig hinderlich sein müsste«. »Denken wir uns z. B. eine menschliche Figur, wie uns Shakespeare die des Falstaff schildert, so kann es nicht diese Figur selbst sein, welche die Idee der Vollkommenheit in sich darstellt und dadurch den Genuss in uns erweckt. Vielmehr muss uns der unförmliche Bauch, dieser Kasten voll Humore, dieser Beuteltrog der Bestialität, dieses ungeheure Fass Sect, dieser vollgestopfte Kaldaunensack, dieser gebratene Krönungsochse mit dem Pudding im Leibe, und dazu die dünnen magern Beine, die kaum im Stande sind, den ungeheuren Fleischberg zu tragen, an sich selbst als das schreiendste Missverhältniss, als ein Exemplar der augenfälligsten Unvollkommenheit erscheinen. Nichtsdestoweniger haben wir unsere Lust und Freude daran. Denn im nämlichen Augenblicke, wo wir ausser uns dieses Extrem der Unvollkommenheit wahrnehmen und als solches erkennen, erwacht in uns die Idee der Vollkommenheit, und weil wir nicht im Stande sind, sie irgendwie mit dem uns beschäftigenden Object in Verbindung zu setzen, empfinden wir sie als alleiniges Eigenthum unseres Selbst, das Object schrumpft ihr gegenüber schlechthin zu Nichts zusammen, die Idee erscheint also in diesem Momente als durch nichts mehr beschränkt; unsere Subjectivität fühlt sich vollkommen mit ihr Eins, die Endwirkung der an sich unvollkommenen Erscheinung ist also die, dass sie uns auf die höchste Stufe des subjectiven Selbstgefühls erhebt oder in uns die Idee der subjectiven Vollkommenheit zur Präsenz bringt« (Aesthetische Forschungen, 132). Diese Stelle bedarf keiner weiteren Erklärung. Kann man auf Grund der nur durch eine contrastirende Reaction in unserem Subject entstandenen Idee der Vollkommenheit (ob sie thatsächlich eintritt, will ich gar nicht weiter untersuchen) das Object unter den Begriff des Schönen subsumiren? Man könnte mit demselben Recht den Mord unter die guten Handlungen rechnen, weil der Anblick des Mörders in uns eine sittliche Reaction und damit die Idee des Guten hervorruft.

Hartmann hat es empfunden, dass aus einer derartigen bloss subjectiven Reaction kein genügender Grund abgeleitet werden kann, um das Komische schön zu nennen. Er kommt daher zu einer Theorie, die eine objective Negation des Komischen annimmt. Das Komische ist zunächst etwas Unlogisches und darum Hässliches. Das Object verfährt unlogisch und glaubt doch logisch zu verfahren. Sein eigenes Thun bringt aber die Alogicität zur Anschauung: es führt sich selbst ad absurdum. Dies wirkt dann komisch, wenn seine Denk- und Erkenntnissfähigkeit ganz gut hingereicht hätte, den Irrthum zu vermeiden (II 323 f.) — Ich will hier nicht untersuchen, ob diese Erklärung dem Komischen zu enge Grenzen steckt oder nicht. Denn auch dann, wenn Hartmanns Theorie vollständig zutreffend sein sollte, frage ich nach wie vor: wo ist die Schönheit bei einer solchen »Selbstreductio ad absurdum«? Selbst wenn man Hartmann zugibt, dass alle anschauliche Logicität schön sei — was ich übrigens leugne —, so ist doch damit noch nicht gesagt, dass die Selbstaufhebung des Unlogischen ebenfalls zum Schönen gehöre. Der normal gehende Mensch schreitet in schönen

Bewegungen dahin. Der ungeschickt hin und her schwankende Trunkenbold geht unschön. Entsteht nun ein Eindruck des Schönen, wenn der Betrunkene hinstürzt und dadurch die eigene Ueberzeugung von seiner Gehfähigkeit (ist es übrigens nöthig, diese vorauszusetzen?) ad absurdum führt? Es findet auch hier wieder eine unbewusste Erschleichung statt. Es hat nämlich den Anschein, als handle es sich einfach um den logischen Satz: duplex negatio affirmat. Das negirte Nichtschöne ist wieder schön (so auch schon Vischer § 157: »Das Komische ist Negation einer Negation«). Das wäre nun ganz richtig, wenn an dem nicht-schönen Gegenstand die Eigenschaften thatsächlich verschwänden, die ihn nichtschön machen. Aber werden denn an dem komischen Object durch die »Selbstreductio ad absurdum« wirklich diese Eigenschaften negirt? Genau ebensowenig wie bei jener bloss subjectiven Negirung durch die Idee der Vollkommenheit bei Zeising. Es wird uns z. B. gezeigt, dass die verkehrten Bewegungen jenes Betrunkenen recht unangenehme Folgen für ihn haben — er fällt in die Gosse; aber die Erscheinung wird dadurch ebensowenig in ihrer Hässlichkeit aufgehoben und in etwas Schönes verwandelt als das Hinstürzen die Betrunkenheit zu einer guten That macht. Eine wirkliche Negation des Hässlichen wäre erst dann vorhanden, wenn der Mann plötzlich mit den sicheren Bewegungen des Nüchternen dahinschritte; erst dann könnte man das duplex negatio affirmat anwenden. Aber wo bliebe dann die Erscheinung des Komischen? Eine ähnliche unbewusste Erschleichung tritt endlich ein, wenn man das Komische wie Carriere als ein »werdendes Schönes« fasst. »Im Komischen«, sagt er (I. 200), »ist immer etwas, das uns verblüfft oder chokirt, und wenn es bestehen bliebe, so würde es uns verwirren und ärgern; aber indem es zugleich an seinem eigenen Widerspruch zu Grunde geht, damit die Nichtigkeit des Verkehrten aufzeigt, löst sich die Dissonanz, und dies anzuschauen erheitert uns wieder und gibt uns die Gewissheit, dass nur das Gute, Schöne, Wahre auch das Wirkliche und Dauernde ist und das Verständige auch das Beständige«. Auch hier haben wir nur die subjective Idee des Schönen, durch einen hässlichen Gegenstand angeregt; aber der Gegenstand wird darum kein Beispiel des Schönen, er ist weder »werdendes«, noch gewordenes Schönes. Und ausserdem: ich möchte doch wissen, wer in aller Welt, wenn der Betrunkene glücklich in der Gosse liegt, sich der Gewissheit hingibt, dass »nur das Gute, Schöne und Wahre auch das Wirkliche und Dauernde ist« und darin seinen aesthetischen Genuss hat! Ich glaube durch alles Vorausgegangene den Beweis erbracht zu haben, dass die Theoretiker, die von der Gleichung »aesthetisch = schön« ausgehen, ihre Absicht gar nicht durchzuführen vermögen, und dass auch der gewöhnliche Sprachgebrauch — ganz besonders beim Komischen — dazu einfach nicht ausreicht. Ich stehe daher vor folgender Thatsache: Der Sprachgebrauch ist weiter als meine Definition des Schönen. Denn ich beschränke es rein auf das aesthetisch angeschaute sinnlich Angenehme, während der Sprachgebrauch besonders auch von schöner Darstellung und Schönheit des seelischen Ausdrucks redet. Und der Sprachgebrauch ist enger als die Definition des Schönen bei den andern modernen Aesthetikern. Denn nicht jedes aesthetisch geniessbare Object lässt sich als schön bezeichnen, und dies gilt vor allem im Gebiete des Komischen. Was ist nun der wissenschaftlich richtige Weg? Muss man den Sprachgebrauch nach den methodischen Forderungen der Logik hier erweitern oder verengern? Ich habe schon gezeigt, dass die Erweiterung zu Verschwommenheiten und Widersprüchen führt. Hier sehe ich davon ab, und frage einfach vom logischen Standpunkte aus: welcher Weg ist methodisch richtig? Ich kann die Antwort getrost der Logik selbst überlassen.

Im gewöhnlichen Sprachgebrauch, lehrt uns die Logik (so Sigwart), strebt das Wort leicht danach, seine Grenzen in's Unbestimmte auszudehnen. Daher kann der Versuch einer wissenschaftlichen Definition, wo es sich um einen solchen Ausdruck handelt, unmöglich in einer nochmaligen Erweiterung sein Ziel erreichen. Dass aber gerade das Wort »schön« ein sehr augenfälliges Beispiel jener Neigung des Sprachgebrauches ist, bedarf kaum der Erörterung. Schon Dugald Stewart hat es als Beispiel für die »transitive application« der Begriffe gebraucht. Von dem sinnlich Angenehmen des Auges und des Ohres dehnt sich die gefügige Bezeichnung auf alles Mögliche aus, was uns in irgendeiner Beziehung Lustgefühle verschafft. Wir sprechen von einer schönen Seele, von schönen Handlungen, von »dem schönsten Moment«, dem Norddeutschen schmeckt die wohlzubereitete Speise schön, und auch von der erfolgreichen Jagd, von dem erfrischenden Bad, von dem vergnügten Kneipabend können wir sagen: das war aber schön. Wenn daher der Sprachgebrauch einerseits so nachgiebig ist, dass er derartige ausseraesthetische Erscheinungen, nur weil sie irgendwie einen im weitesten Sinne angenehmen Eindruck auf uns machen, schön nennt, und wenn er andrerseits trotz dieser Elasticität dennoch bei so vielen aesthetisch wirksamen Erscheinungen versagt, so glaube ich mit meiner beschränkenden Definition im Rechte zu sein. — **Die denkbar vollständigste Bestätigung meiner Ansicht bildet aber die Lehre von der Definition in John Stuart Mills berühmter Logik (Buch IV, Kap. 4).** »Fälle«, heisst es dort in § 5, »wo es **unmöglich** ist, allen Bedingungen einer präcisen Definition in **Uebereinstimmung mit dem gewöhnlichen Sprachgebrauch** (usage) gerecht zu werden, kommen sehr häufig vor«. »Solange, als ein Begriff **unbestimmt** (vague) ist, ist er beständig in Gefahr, durch ‚Ausdehnung' von einem Ding auf ein Anderes übertragen zu werden, bis er schliesslich Dinge erreicht, die mit dem zuerst durch ihn bezeichneten wenig oder gar keine Aehnlichkeit mehr haben«. Als ein besonders deutliches Beispiel nennt Mill das Wort **schön** und sagt dann weiter: »ohne die Entscheidung über eine Frage, die in keiner Hinsicht zur Logik gehört, hier versuchen zu wollen, muss ich es doch als zweifelhaft ansehen, ob das Wort »schön« **dieselbe Eigenschaft** bezeichnet, wenn wir von einer schönen Farbe, einem schönen Gesicht, einer schönen Scene, einem schönen Charakter oder einem schönen Gedichte sprechen«. Es sei fraglich, fährt Mill fort, ob das Wort »schön« jetzt noch irgend ein anderes Merkmal besitze, was auf alle vom Sprachgebrauch sanctionirten Anwendungen des Wortes passe, als das der Annehmlichkeit (agreeableness) im weitesten Sinne (vgl. oben die erfolgreiche Jagd, das erfrischende Bad etc.). Dieses Merkmal sei aber wohl allem Schönen gemeinsam, dagegen sei es kein unterscheidendes Merkmal (nicht peculiar — keine differentia specifica), weil es viele angenehme Dinge gebe, die nie schön genannt werden. »Wenn

aber das der Fall ist«, heisst es weiter, »so ist es **unmöglich,
dem Wort »schön«** irgendeine feste Bestimmung zu geben,
durch die es alle Objecte bezeichnet, die es jetzt im gewöhnlichen Sprachgebrauch bezeichnet, und keine andern. **Trotzdem sollte es eine feste Bestimmung haben**; denn so
lange es keine hat, ist es **für den wissenschaftlichen
Gebrauch ungeeignet** und nur eine beständig fliessende
Quelle falscher Analogien und irriger Verallgemeinerungen«.
**»Daher ist es in einem solchen Falle besser, dem
Begriff eine feste Bestimmung zu geben, indem
man den Sprachgebrauch nicht ausdehnt, sondern
einschränkt«** (It is better in such a case, to give a fixed
connotation to the term by restricting, than by extending its use).
— Ich habe gesagt, ich könne die Antwort auf die Frage, ob
beim Suchen einer Definition die Erweiterung oder die Beschränkung eines unbestimmten Sprachgebrauches logisch geboten sei, getrost der logischen Wissenschaft selbst überlassen.
Nun, hier ist die Antwort aus dem Munde des hervorragendsten
Logikers unserer Zeit, und zwar in directer Beziehung auf den
Begriff, um den es sich handelt.

Ich sehe es nicht als die Aufgabe der vorliegenden Arbeit
an, nun auch ausführlich zu zeigen, wie sich mir der Begriff
des Schönen »by restricting its use« im Einzelnen gestaltet hat.
Ich verweise in dieser Beziehung auf meine »Einleitung in die
Aesthetik« und gebe hier nur das allgemeine Resultat wieder.
Vor allem erlaube ich mir noch folgende Bemerkungen Mills
anzuführen, die sich dem oben Mitgetheilten direct anschliessen.
»Man soll«, sagt er, »lieber von dem Epitheton »schön« einige
Dinge ausschliessen, auf die es dem Usus nach anwendbar sein
müsste, als aus seiner Definition irgendeine von den Qualitäten
weglassen, die — zwar manchmal vergessen — dennoch die
allgemeine Meinung in den gewöhnlichsten und interessantesten
Anwendungen des Begriffs geleitet haben. Denn es ist keine
Frage, dass die Leute, wenn sie ein Ding schön nennen, damit
mehr sagen wollen, als dass es bloss irgendwie angenehm ist.
Sie meinen damit vielmehr, dass sie dem Schönen **eine besondere Art des Angenehmen** zuschreiben... Wenn es
daher irgendeine besondere Art des Angenehmen gibt, die
zwar nicht allen, aber doch den wichtigsten der »schön« ge-

nannten Erscheinungen gemeinsam ist, so ist es besser, den Umfang des Begriffs auf diese Erscheinungen zu beschränken, als jene besondere Qualität aus der Bestimmung wegzulassen und dadurch die Aufmerksamkeit von ihrer unterscheidenden Eigenthümlichkeit abzulenken«.

Diese »besondere Art des Angenehmen« finde ich in **dem sinnlich Angenehmen des Gesichts und Gehörs**. Ich behaupte: Schönheit ist nur da, wo die Erscheinung für unser Auge oder Ohr überwiegend den Eindruck des sinnlich Angenehmen macht. Die Aufzählung und Untersuchung der einzelnen sinnlich angenehmen Eindrücke ist die Aufgabe der »exacten« Aesthetik. Es sind dabei hauptsächlich anzuführen: die einfachen Farben, Körperformen (Linien, Flächen, stereometrische Eindrücke) und Töne, die simultanen Combinationen der Farben, die simultanen und successiven Toncombinationen, das einfach Regelmässige, der Reim, der Rhythmus, die Symmetrie und die Proportionalität. — Hiermit ist aber erst das **ausseraesthetische Material** gesammelt, man steht noch völlig **ausserhalb des Schönen**. Die »exacte« Aesthetik als solche würde, wenn sie auch ihre Aufgabe bis ins Letzte und Feinste vollendet hätte, doch ebensoweit von dem Begriff des Schönen entfernt sein, als die Arbeiter, die in dem Steinbruch die Marmorblöcke heraussprengen, von dem plastischen Werke entfernt sind, das später der Künstler aus dem von ihnen gelieferten Material entstehen lässt. Diese Grenze zwischen dem **bloss** sinnlich Angenehmen und dem Schönen konnte bisher noch nicht mit genügender Schärfe gezogen werden (daher die Furcht der Aesthetiker, das Schöne durch die Begründung auf das Angenehme zu einem blossen Augen- und Ohrenschmaus herabsinken zu lassen). Sie lässt sich erst ziehen, wenn man abgesehen von allen »objectiven Substraten« schon den Begriff der **inneren Nachahmung** besitzt und ihn systematisch in die Mitte der ganzen Aesthetik stellt. Das Spiel der inneren Nachahmung enthält den mächtigen Zauber, der das bloss Angenehme in ein Schönes verwandelt. Das **bloss** sinnlich Angenehme kann man sich gar nicht niedrig genug vorstellen; es gewährt Auge und Ohr eine ihnen angemessene Thätigkeit und damit ein Lustgefühl, das als solches nicht viel höher steht als das Gefühl, mit dem wir an einer glatten Fläche entlang tasten oder mit dem uns der Duft einer Blume (von allen Associationen natürlich abgesehen) erfüllt. Alles Andere, was wir beim Innewerden sinnlich angenehmer Eindrücke noch empfinden, gehört nicht dem bloss sinnlichen Lustgefühl an und ist, wo es mit diesem unmittelbar verschmolzen erscheint, nur durch vorausgegangene aesthetische Übung zu erklären. Wenn dagegen ein solcher Gegenstand a e s t h e t i s c h betrachtet wird, d. h. wenn das sinnlich Angenehme in das edle Spiel der inneren Nachahmung hineingezogen wird, dann erhebt er sich zur Schönheit. Die innere Nachahmung spielt mit allen möglichen Gegenständen und zeigt dabei stets ihre umwandelnde und erhöhende Kraft. Was uns imponirt, steigert sie zu dem Eindruck des Erhabenen; was uns verkehrt oder unlogisch oder nichtig erscheint, verwandelt sie in ein Komisches; ebenso wird, was uns als sinnlich Angenehmes entgegentritt, zur Schönheit erhoben.

Ich will versuchen, in wenigen Worten zu schildern, was unter dieser Erhöhung des sinnlich Angenehmen zu verstehen ist. Sie bedeutet nicht mehr und nicht weniger als den Unterschied zwischen der ausseraesthetischen und der aesthetischen Betrachtung eines Gegenstandes. Vor allem entsteht erst durch die innere Nachahmung jene Reinigung und Isolirung des sinnlich Gegebenen, die ich im ersten Theil meiner »Einleitung« ausführlich erörtert habe. Die Anschauung verliert von ihrem Reichthum und gewinnt dafür an Intensität, die zerstreuenden Interessen des praktischen Lebens versinken und lassen Raum für die Freude am reinen Schauen. Der herrschende Eindruck wird zu dem einheitlichen, das Ganze beherrschenden Charakter und lässt den Gegenstand zugleich (s. o.) als etwas Typisches erscheinen. Die ruhenden Formen gerathen durch die nachfahrende, nachconstruirende Thätigkeit in Bewegung und werden flüssig. Die Hauptleistung der aesthetischen Betrachtung aber ist das Hinüberströmen, die »Einfühlung« unseres Ich in das angeschaute Object. Alles, was vorher nur sinnlich angenehm war, wird dadurch beseelt und vergeistigt. Ueberall tritt das hervor, was K ö s t l i n die »Symbolik« der Formen genannt hat. Aus der den Sinnen angenehmen mittleren Intensität der Farben und Töne leuchtet und klingt uns eine freundlich wirkende Kraft entgegen, ihre sinnliche Reinheit verwandelt sich in den

Ausdruck einer geläuterten, allem Mangel und aller Unruhe entrückten Lebensfülle, ihre sinnliche Harmonie wird uns zu einer selbstgewollten, brüderlichen Vereinigung, zu einem beglückenden Suchen und Finden wahlverwandter Mächte, zu einer von innen heraus wirkenden Sympathie der Dinge (man bedenke, welche hinreissende Gefühlstiefe das sinnlich Angenehme durch die innere Nachahmung erhalten kann, wenn wir z. B. einen mehrstimmigen Gesang anhören, selbst ohne dabei auf den Sinn der Worte zu achten). Ebenso erhält jede angenehm geführte Linie oder Fläche ihren besonderen seelischen Ausdruck; überall projicirt sich dabei das Behagen, das unsere Sinne empfinden, in das angeschaute Object hinüber, das so den Eindruck macht, als fühle der Körper selbst das Glück, sich in so wohlthuenden Formen ausgestaltet zu haben. Das Gleiche gilt von der angenehmen Symmetrie und Proportionalität, der Reim macht, wie Schopenhauer sehr richtig bemerkt, den Eindruck, als sei der poetische Gedanke schon durch die Sprache selbst prädestinirt, ja präformirt, und vollends der Rhythmus erscheint als der belebende und erwärmende Pulsschlag, der, von der innersten Lebensquelle ausgesandt, das Ganze in allen seinen Theilen mit einer freudigen Kraft durchdringt und beseelt.

Schon an dieser kurzen Schilderung zeigt sich der Vorzug, den die aesthetische Anschauung des sinnlich Angenehmen, also der Anblick des Schönen **vor allen anderen aesthetischen Modificationen** voraus hat. Das Angenehme erfüllt uns von vorneherein mit dem wohlthuenden Gefühl vollkommenen Behagens. Dieses subjective Gefühl wird aber durch die aesthetische Anschauung **in den objectiven Träger der angenehmen Wirkung projicirt**. So kommt es, dass uns in der inneren Nachahmung alles sinnlich Angenehme (solange nicht andere Einflüsse des Objects diesen Eindruck trüben) als die Erscheinung einer freundlichen in sich gesicherten, daseinsfreudigen Persönlichkeit entgegentritt. Das Materielle erscheint durch jene Projection nicht als die träge, widerstrebende Masse, die sich der Geist nur mühsam zum Dienste zwingt, sondern als eine schmiegsame, dem Geistigen stammesverwandte Hülle, als ein lebendiges Gewand, in dem es sich die Seele wohlsein lässt, es erscheint nicht mehr als die trübe, irdische Stofflichkeit, sondern als die Daseinsform einer höheren, glücklicheren

Welt, gleichsam als der verklärte Leib himmlischer Erscheinungen. Die Beseelung des Gegenstandes ist ja zwar in jeder aesthetischen Anschauung, aber seine Beseligung ist nur in der Anschauung des Schönen. Das Schöne hat daher etwas im griechischen Sinne Göttliches, es zaubert uns nicht den christlichen Himmel, sondern den hellenischen Olymp vor Augen, wo auch das Sinnliche unverkürzt in die Seligkeit eingeht (vgl. meine Einleitung, S. 255 ff.).

Ich habe meine Theorie des Aesthetischen und Schönen, soweit es sich mit der Kürze einer solchen Abhandlung verträgt, entwickelt. Ich habe nachzuweisen gesucht, dass die grossen Theorien unseres Jahrhunderts einerseits den Umfang des aesthetisch Wirksamen in ungerechtfertigter Weise beschränken, indem sie trotz ausgesprochener Absicht nicht wirklich bis zu der concreten Erscheinung durchdringen, andrerseits aber den Begriff des Schönen in ebenso ungerechtfertigter Weise erweitern. Ich habe ferner gezeigt, dass nur meine beschränkende Definition den Anforderungen der Logik genügt. Nun soll es meine letzte Aufgabe sein, das so von mir gewonnene Resultat vom Standpunkt der historischen Entwicklung aus zu betrachten. — Die von mir bekämpfte Gleichung »aesthetisch = schön« hat in der wissenschaftlichen Theorie keineswegs immer gegolten. Ihre Herrschaft stammt aus der Zeit der grossen speculativen Systeme, wo man von der metaphysischen Idee des Schönen ausgehend ganz naturgemäss alles Aesthetische aus dieser Idee ableiten musste. Vorher kannte man jene Gleichung nicht, sondern stellte dem Schönen vor allem das Erhabene, später auch das Komische coordinirend zur Seite. Diese Auffassung beginnt schon am Ausgang der antiken Aesthetik, bei Longin. »Die rationalen Formbestimmungen des Schönen«, sagt Julius Walter in seiner soeben erschienenen »Geschichte der Aesthetik im Altertum«, S. 836 f., »die Symmetrie, Harmonie, Eurhythmie, Gleichmässigkeit und Einheit, die das philosophische Nachdenken entwickelt hatte, und der an sich schon auf ein Endliches gerichtete Begriff der Nachahmung, der das kunsttheoretische Bewusstsein beherrscht, erschweren es dem Alterthum, den aesthetischen Gesichtskreis über das Gebiet des Schönen hinaus in die freieren Formen der Phantasie zu erweitern«. »Nur in einem Begriff hat die aesthetische Reflexion des Alterthums mit Bewusstsein die Grenze jenes Endlichen und damit auch die rationalen Bestimmungen des Schönen überschritten«. »Longin erweitert durch die Entwickelung der Idee des Erhabenen in so entscheidender Weise den Kreis der überkommenen aesthetischen Grundbegriffe, dass die bisherige Begründung dieser Vorstellungen durchaus unzureichend werden musste.« »Nicht dem Schönen mehr, sondern dem Erhabenen spricht die Methode den unbedingten Vorzug des Werthes zu. Das Schöne hingegen war in begrifflicher Eindeutigkeit nur in dem engeren Sinne der sinnfälligen Schönheit erkannt« (850). — Diese Anschauung, nach der sich das Schöne mit dem Erhabenen in das Gebiet der Aesthetischen theilen muss, findet sich dann in der Philosophie des 18. Jahrhunderts häufig wieder, so bei Home, der ausserdem auch das Lächerliche als eine besondere Provinz des Aesthetischen erwähnt, bei Burke, der das Schöne auf die Gefühle der Liebe und Neigung, das Erhabene auf den Anblick des Furchtbaren bei eigener Sicherheit begründet, und besonders bei Kant, der gleichfalls das Erhabene und Lächerliche ausserhalb des Schönen stehen lässt Diese Aesthetiker hatten also das unmittelbare und richtige Gefühl, dass der Begriff des Schönen zu eng sei, um alles Aesthetische zu umspannen. Aber da sie es noch nicht auf ein wirkliches System der Aesthetik abgesehen hatten, begnügten sie sich damit, Erscheinungen wie das Erhabene und Komische einfach dem Schönen zu coordiniren, ohne weiter anzugeben, worin denn nun das Gemeinsame des auf so verschiedene Gebiete bezogenen aesthetischen Geniessens liege. — Uebrigens sei erwähnt, dass auch noch Schleiermacher es für schwierig erklärt, den Ausdruck »schön« auf alle Kunstvollkommenheiten anzuwenden. Er sei, wenn man auf seine Wurzel im gemeinen Leben zurückgehe, nicht recht befähigt, diese Stellung einzunehmen (Aesthetik S. 240).

Dass sich die nach einer systematischen Gestalt ringende Aesthetik mit einer solchen einfachen Coordination nicht zufrieden geben konnte, liegt auf der Hand. Wenn man ein System des aesthetischen Genusses ausführen wollte, so musste man auch einen obersten Begriff haben, der die einheitliche Spitze des Ganzen bildete — sonst wäre die Aesthetik schliesslich in mehrere, von einander unabhängige Doctrinen auseinandergetreten. Woher aber diesen obersten Begriff nehmen? Da man die T h ä t i g k e i t des aesthetischen Anschauens noch nicht als selbständige Quelle des Genusses erkannt hatte, war der Begriff des »aesthetisch Wirksamen überhaupt« noch kein Band, das die verschiedenen »Modificationen« wirklich zusammengehalten hätte; denn solange man dem »aesthetisch Wirksamen« nicht durch den Begriff der inneren Nachahmung ein eigenes Rückgrat gegeben hat, muss es stets wieder haltlos in die einzelnen Modificationen auseinanderfallen. So griff man zu dem höchst unwissenschaftlichen Mittel der denominatio a potiori — man dehnte den bisher in seiner natürlichen Beschränkung aufgefassten Begriff des Schönen auf das ganze Gebiet der Aesthetik aus. Die Vorsichtigsten, die ein Gefühl davon hatten, dass man damit der Elasticität des Schönen doch etwas viel zumuthe, unterschieden zwischen einem Schönen im e n g e r e n und im w e i t e r e n Sinn, machten aber, da selbst das »weitere« Schöne nicht ausreichte (wie ich besonders am Komischen gezeigt habe), den Begriff nur verschwommener, ohne doch allen aesthetischen Erscheinungen gerecht zu werden.

Eine höchst willkommene und gewiss einwandfreie Bestätigung dieser Behauptung ist mir die Art, wie Z e i s i n g — selbst einer der hervorragendsten Vertreter der ganzen Richtung — seine Vorgänger kritisirt (»Aesthetische Forschungen« S. 143f.). Für S o l g e r bestand das Schöne in der gegenseitigen Durchdringung der unendlichen Idee und des Endlichen. Aber im Tragischen ist nach ihm das Endliche, im Komischen das Unendliche »ganz verzehrt«. Also: wo bleibt da die Schönheit? W e i s s e sieht in den Modificationen eine v o n s i c h s e l b s t a b g e f a l l e n e, R u g e eine s i c h s u c h e n d e Schönheit (vgl. C a r r i e r e: das »werdende« Schöne). »Beide haben also«, sagt Zeising, »um die Arten des Schönen zu finden, d i e B e g r i f f s p h ä r e d e s S c h ö n e n g e r a d e z u v e r l a s s e n; was sie als Arten des Schönen aufstellen, ist mithin, genau betrachtet, etwas N i c h t-s c h ö n e s; denn etwas, was entweder noch nicht oder n i c h t m e h r das Schöne ist, hat doch auf den Namen des Schönen selbst unmöglich einen Anspruch«. V i s c h e r war freilich bestrebt, die Modificationen als eine Bewegung im Schönen darzustellen — aber: er ist doch nicht wirklich über den »Kantischen Dualismus« hinausgekommen. »Auch er nämlich unterscheidet zunächst nur zwei Formen des Schönen, nämlich das **einfach Schöne** und das **Schöne im Widerstreit seiner Momente**; von diesen gilt ihm das erste zugleich als das Schöne überhaupt oder als **Gattungsbegriff** des Schönen, und es steht daher merkwürdigerweise zum zweiten einerseits im **beigeordneten**, andrerseits im **übergeordneten** Verhältnisse.... Bei diesem Verfahren geht ihm aber in gewissem Sinne der **Gattungsbegriff wieder verloren**, das einfach Schöne sinkt ihm zu einem blossen **Gegensatze** des ‚Schönen im Widerstreit seiner Momente' herab; weil er aber im Einfach-Schönen zugleich das Schöne überhaupt sieht, weist, bei Licht betrachtet, doch auch er wieder das ‚Schöne im Widerstreit' **aus dem Gebiete des Schönen hinaus und fällt in den alten Dualismus zurück«**.

Ich habe dieser ganz vortrefflichen Kritik nur noch hinzuzufügen, dass es **auch Zeising selbst** nicht gelungen ist, die »Modificationen« im Begriff des Schönen unterzubringen, wie ich das ja in Beziehung auf das Komische nachgewiesen habe. Denn wenn das Komische durch seine Unvollkommenheit mich zu der subjectiven Idee der Vollkommenheit veranlasst, so ist es darum nicht selbst vollkommen. Erinnere ich noch weiter daran, dass, wie ich gleichfalls zeigte, auch Hartmann es nicht vermag, das Komische dem Schönen zu subsumiren, so sind damit die wichtigsten Vertreter der Gleichung »aesthetisch = schön« genannt, und es ist bei Allen erwiesen, dass ihr Versuch, über den »Kantischen Dualismus« mittels dieser Gleichung hinauszukommen, vollständig gescheitert ist.

Ich bin daher fest überzeugt, dass die ganze speculative Aesthetik seit Kant in richtiger Absicht auf einen falschen Weg gerathen ist. In richtiger Absicht; denn es war nothwendig, nach einem Begriff zu suchen, der alle aesthetischen Modificationen unter sich befasste. Auf einen falschen Weg; denn die zu diesem Zweck versuchte Ausdehnung des Schönen über den Sprachgebrauch hinaus war erstens logisch zu verwerfen und zweitens thatsächlich nicht durchführbar. Und ich bin ferner überzeugt, dass man, wenn nur der richtige Weg gefunden ist, die Kantische Coordination des Schönen mit den übrigen Modificationen (die dem natürlichen Gefühl und dem logischen Verstand doch am meisten entspricht) bestehen lassen kann und trotzdem den einheitlichen, alle Modificationen unter sich fassenden Begriff nicht zu entbehren braucht. Das ist aber bloss dann möglich, wenn man erkennt, dass das »Aesthetische überhaupt« kein blosser Sammelname ist, dass die aesthetische Anschauung als solche eine selbstständige und starke Quelle der Lust besitzt, eine Quelle, welche die Grundströmung in allen jenen Modificationen bildet, — nämlich die Lust an dem Spiel der inneren Nachahmung.